Editionen für den Literaturunterricht
Herausgegeben von Thomas Kopfermann

Liebesgedichte

Barock – Romantik – Gegenwart

mit Materialien, ausgewählt von
Joachim Bark, Michael Bengel,
Thomas Kopfermann, Adelheid Petruschke
und Hans Ulrich Staiger

W0416116

Ernst Klett Verlag
Stuttgart · Leipzig

Die Fußnoten wurden von den Bearbeitern zur besseren Verständlichkeit der Texte eingesetzt.

Die Materialien folgen der reformierten Rechtschreibung. Ausnahmen bilden Texte, bei denen künstlerische, philologische oder lizenzrechtliche Gründe einer Änderung entgegenstehen.

Die Rechtschreibung wurde behutsam an die neue amtliche Rechtschreibung angepasst, die Zeichensetzung dagegen ist beibehalten.

Das vorliegende Heft basiert auf folgenden Titeln und wurde ergänzt und erweitert:
Lyrik des Barock, Klett Editionen mit Materialien, 978-3-12-**352413**-4

Lyrik der Romantik, Klett Editionen mit Materialien, 978-3-12-**352425**-7

Liebeslyrik, Klett Editionen mit Materialien, 978-3-12-**352427**-1

1. Auflage 1 5 4 3 2 1 | 13 12 11 10 09

Alle Drucke dieser Ausgabe sind untereinander unverändert und können im Unterricht nebeneinander benutzt werden. Die letzte Zahl bezeichnet das Jahr dieses Druckes. Das Werk und seine Einzelteile sind urheberrechtlich geschützt. Jede Nutzung in anderen als den gesetzlich zugelassenen Fällen bedarf der vorherigen schriftlichen Einwilligung des Verlages. Hinweis zu § 52a UrhG: Weder das Werk noch seine Teile dürfen ohne eine solche Einwilligung eingescannt und in ein Netzwerk eingestellt werden. Dies gilt auch für Intranets von Schulen und sonstigen Bildungseinrichtungen. Fotomechanische und andere Wiedergabeverfahren nur mit Genehmigung des Verlages.

© für die Materialien: Ernst Klett Verlag GmbH, Stuttgart 2009. Alle Rechte vorbehalten.
www.klett.de

Redaktion: Ursula Schwarz
Herstellung: Sylvia Kusch

Umschlaggestaltung: Sandra Schneider nach Entwürfen von Meta-Design, Berlin
Satz: Köhler & Köhler, Taucha
Reproduktion: Meyle + Müller, Medien-Management, Pforzheim
Druck: Druck Partner Rübelmann GmbH, Hemsbach

Printed in Germany
ISBN 978-3-12-352460-8

9 783123 524608

Inhaltsverzeichnis

Zugänge

Liebesgedichte des Barock

Liebesgedichte der Romantik

Ausklänge

I Liebeslyrik – Themen und Formen

Novalis

Walzer

Hinunter die Pfade des Lebens gedreht
Pausiert nicht, ich bitt euch so lang es noch geht
Drückt fester die Mädchen ans klopfende Herz
Ihr wisst wie flüchtig ist Jugend und Scherz.

Lasst fern von uns Zanken und Eifersucht sein
Und nimmer die Stunden mit Grillen[1] entweihn
Dem Schutzgeist der Liebe nur gläubig vertraut
Es findet noch jeder gewiss eine Braut.

(1794/1797)

1 Grillen: (veraltet für) Launen.

Joseph von Eichendorff

Nachtzauber

Hörst du nicht die Quellen gehen
zwischen Stein und Blumen weit
nach den stillen Waldesseen,
wo die Marmorbilder stehen
in der schönen Einsamkeit?
Von den Bergen sacht hernieder,
weckend die uralten Lieder,
steigt die wunderbare Nacht,
und die Gründe glänzen wieder,
wie du's oft im Traum gedacht.

Kennst die Blume du, entsprossen
in dem mondbeglänzten Grund?
Aus der Knospe, halb erschlossen,
junge Glieder blühend sprossen,
weiße Arme, roter Mund,
und die Nachtigallen schlagen,
und rings hebt es an zu klagen,
ach, vor Liebe todeswund,
von versunknen schönen Tagen –
komm, o komm zum stillen Grund!
(1846)

Ulla Hahn
Bildlich gesprochen

Wär ich ein Baum ich wüchse
dir in die hohle Hand
und wärst du das Meer ich baute
dir weiße Burgen aus Sand.

Wärst du eine Blume ich grübe
dich mit allen Wurzeln aus
wär ich ein Feuer ich legte
in sanfte Asche dein Haus.

Wär ich eine Nixe ich saugte
dich auf den Grund hinab
und wärst du ein Stern ich knallte
dich vom Himmel ab.
(1981)

Ernst Jandl
liegen, bei dir

ich liege bei dir. deine arme
halten mich. deine arme
halten mehr als ich bin.
deine arme halten, was ich bin
wenn ich bei dir liege und
deine arme mich halten.
(1956)

Heinrich Heine

Ein Jüngling liebt ein Mädchen

Ein Jüngling liebt ein Mädchen,
Die hat einen andern erwählt;
Der andre liebt eine andre,
Und hat sich mit dieser vermählt.

Das Mädchen heiratet aus Ärger
Den ersten besten Mann,
Der ihr in den Weg gelaufen;
Der Jüngling ist übel dran.

Es ist eine alte Geschichte,
Doch bleibt sie immer neu;
Und wem sie just passieret,
Dem bricht das Herz entzwei.
(1822/23)

Sarah Kirsch
Wintermusik

Bin einmal eine rote Füchsin ge-
Wesen mit hohen Sprüngen
Holte ich mir was ich wollte.

Grau bin ich jetzt grauer Regen.
Ich kam bis nach Grönland
In meinem Herzen.

An der Küste leuchtet ein Stein
Darauf steht: Keiner kehrt wieder.
Der Stein verkürzt mir das Leben.

Die vier Enden der Welt
Sind voller Leid. Liebe
Ist wie das Brechen des Rückgrats.
(1992)

II »Drumb lass uns jetzt genießen« – Von der Freude am Diesseits

Martin Opitz

[Ach Liebste, lass uns eilen]

Ach Liebste, lass uns eilen,
Wir haben Zeit:
Es schadet das Verweilen
Uns beiderseit.

Der edlen Schönheit Gaben
Fliehn Fuß für Fuß,
Dass alles, was wir haben,
Verschwinden muss.

Der Wangen Zier verbleichet,
Das Haar wird greis,
Der Augen Feuer weichet,
Die Brunst[1] wird Eis.

Das Mündlein von Korallen
Wird ungestalt,
Die Händ als Schnee verfallen,
Und du wirst alt.

Drumb lass uns jetz genießen
Der Jugend Frucht,
Eh als wir folgen müssen
Der Jahre Flucht.

Wo du dich selber liebest,
So liebe mich,
Gib mir, dass, wann du gibest,
Verlier auch ich.
(1624)

Paul Fleming

Wie er wolle geküsset sein

Nirgends hin als auf den Mund,
Da sinkt's in des Herzen Grund.
Nicht zu frei, nicht zu gezwungen,
Nicht mit gar zu faulen Zungen.

Nicht zu wenig, nicht zu viel,
Beides wird sonst Kinderspiel.
Nicht zu laut und nicht zu leise,
Bei der Maß' ist rechte Weise.

Nicht zu nahe, nicht zu weit,
Dies macht Kummer, jenes Leid.
Nicht zu trocken, nicht zu feuchte,
Wie Adonis[2] Venus reichte.

Nicht zu harte, nicht zu weich,
Bald zugleich, bald nicht zugleich.
Nicht zu langsam, nicht zu schnelle,
Nicht ohn Unterschied der Stelle.

Halb gebissen, halb gehaucht,
Halb die Lippen eingetaucht.
Nicht ohn Unterschied der Zeiten,
Mehr alleine denn bei Leuten.

Küsse nun ein jedermann,
Wie er weiß, will, soll und kann!
Ich nur und die Liebste wissen,
Wie wir uns recht sollen küssen.

(1642)

1 Brunst: (veraltet für) Lust.
2 Adonis: schöner Jüngling der griechischen Sage.

Christian Hoffmann von Hoffmanswaldau

[So soll der Purpur deiner Lippen]

So soll der Purpur deiner Lippen
Itzt meiner Freiheit Bahre sein?
Soll an den Corallinen-Klippen
Mein Mast nur darum laufen ein,
Dass er anstatt dem süßen Lande
Auf deinem schönen Munde strande?

Ja, leider! es ist gar kein Wunder,
Wenn deiner Augen sternend Licht,
Das von dem Himmel seinen Zunder
Und Sonnen von der Sonnen bricht,
Sich will bei meinem morschen Nachen
Zu einem schönen Irrlicht machen.

Jedoch der Schiffbruch wird versüßet,
Weil deines Leibes Marmelmeer[1]
Der müde Mast entzückend grüßet
Und fährt auf diesem hin und her,
Bis endlich in dem Zuckerschlunde
Die Geister selbsten gehn zugrunde.

Nun wohl! dies Urteil mag geschehen,
Dass Venus meiner Freiheit Schatz
In diesen Strudel möge drehen,
Wenn nur auf einem kleinen Platz,
In deinem Schoß durch vieles Schwimmen
Ich kann mit meinem Ruder klimmen.

Da will, sobald ich angeländet,
Ich dir ein Altar bauen auf,
Mein Herze soll dir sein verpfändet,
Und fettes Opfer führen drauf;
Ich selbst will einig mich befleißen,
Dich Gött- und Priesterin zu heißen.

(1679)

Johann Christian Günther

Als er der Phillis einen Ring mit einem Totenkopf überreichte

Erschrick nicht vor dem Liebeszeichen,
Es träget unser künftig Bild,
Vor dem nur die allein erbleichen,
Bei welchen die Vernunft nichts gilt.
Wie schickt sich aber Eis und Flammen?
Wie reimt sich Lieb' und Tod zusammen?
Es schickt und reimt sich gar zu schön,
Denn beide sind von gleicher Stärke
Und spielen ihre Wunderwerke
Mit allen, die auf Erden gehn.

Ich gebe dir dies Pfand zur Lehre:
Das Gold bedeutet feste Treu',
Der Ring, dass uns die Zeit verehre,
Die Täubchen, wie vergnügt man sei;
Der Kopf erinnert dich des Lebens,
Im Grab ist aller Wunsch vergebens,
Drum lieb und lebe, weil man kann,
Wer weiß, wie bald wir wandern müssen!
Das Leben steckt im treuen Küssen,
Ach, fang den Augenblick noch an!
(1721)

1 Marmel: Marmor.

III »... im Sommer Eis, im Winter Feuer« – Von Petrarca und den Folgen

Francesco Petrarca[1]

S'amor non è

Wenn Liebe nicht, was ist's, das in mir wühlt?
Ist's Liebe, Gott, was mag die Liebe sein?
Ist's gut, warum bringt sie so harte Pein?
Ist's schlimm, hat je man süßre Qual gefühlt?

Wenn ich so brennen will, warum die Klage?
Erleid ich's, was hilft Schreien mir und Flehn?
Lebendger Tod, o köstliches Vergehn,
wie herrschst du so, wenn ich mich dir versage?

Doch will ich's, ist mein Jammern falsches Spiel;
ein Schiff von Winden bin ich hin und her
im Meer getrieben mit gebrochnem Steuer,

so leicht an Wissen wie an Irrtum schwer,
dass ohne Stern mein Wollen, ohne Ziel.
Ich bin im Sommer Eis, im Winter Feuer.
(1340)

S'amor non è, che dunque è quel ch'io sento? / Ma s'egli è amor, perdio, che cosa et quale? / Se bona, onde l'effecto aspro mortale? / Se ria, onde si dolce ogni tormento?

S'a mia voglia ardo, onde 'l pianto e lamento? / S'a mal mio grado, il lamentar che vale? O viva morte, o dilectosa male, / come puoi tanto in me, s'io nol consento?

1 Petrarca: Nähere Informationen vgl. Materialienteil S. 111.

Et s'io 'l concento, a gran torto mi doglio / Fra si contrari vènti in frale barca / mi trovo in alto mar senza governo,

si heve di saver, d'error si carca / ch'i medesmo non so quel ch'io mi voglio, / e tremo a mezza state, ardendo il verno.

Martin Opitz
Francisci Petrarchae

Ist Liebe lauter nichts / wie dass sie mich entzündet?
Ist sie dann gleichwol was / wem ist ihr Thun bewust?
Ist sie auch gut und recht / wie bringt sie böse Lust?
Ist sie nicht gut / wie dass man Frewd' aus ihr empfindet?

Lieb' ich ohn allen Zwang / wie kan ich Schmertzen tragen?
Muss ich es thun / was hilfft's dass ich solch Trawren führ'?
Heb' ich es ungern an / wer dann befihlt es mir?
Thue ich es aber gern' / umb was hab' ich zu klagen?

Ich wancke wie das Graß so von den kühlen Winden
Umb Vesperzeit bald hin geneiget wird / bald her:
Ich walle wie ein Schiff das durch das wilde Meer

Von Wellen umbgejagt nicht kan zu Rande finden.
Ich weis nicht was ich wil / ich wil nicht was ich weis:
Im Sommer ist mir kalt / im Winter ist mir heiß.
(1624)

Sibylla Schwarz

[Ist Lieb ein Feur]

Ist Lieb ein Feur / und kan das Eisen schmiegen /
bin ich voll Feur / und voller Liebes Pein /
wohrvohn mag doch der Liebsten Hertze seyn?
wans eisern wär / so würd eß mir erliegen /

wans gülden wär / so würd ich's können biegen
durch meine Gluht; solls aber fleischern seyn /
so schließ ich fort: Eß ist ein fleischern Stein:
doch kan mich nicht ein Stein / wie sie / betriegen.

Ists dan wie Frost / wie kalter Schnee und Eiß /
wie presst sie dann auß mir den Liebesschweiß?

Mich deucht: Ihr Herz ist wie die Loorberblätter /
die nicht berührt ein starcker Donnerkeil /
sie / sie verlacht / Cupido[1] / deine Pfeil;
und ist befreyt für deinem Donnerwetter.
(1650)

1 Cupido: Liebesgott Amor.

Daniel Casper von Lohenstein

Das Hertze

Nicht zürne: dass mein Hertz so heissen Brand ausübet /
Weil deine Schönheit selbst der Flammen Zunder hegt /
Schuld und Entschuldigung in ihren Augen trägt.
Das Meer kan nicht darfür / dass sich der Himmel trübet /
Sich mit den Wolcken armt / der Erde Dünste liebet.
Die Sonn' ists / die das Saltz in allen Dingen regt /
Der Klüffte Glutt beseelt / den Geist der Welt bewegt /
So Schnee als Eise Brand / den Steinen's Leben giebet.

Sol meine Seele nun entseelter als ein Stein /
Mein Hertze fröstiger als Eise-Zapfen seyn?
Es brennt / und ist von Lieb als schmeltzend Ertzt zerronnen /
Denn Lieb' ist ja die Glut der Seelen; sie erfüllt
Mit Feuer unser Hertz / das aus den Augen kwillt;
Die / sind der Liebe Brunn / der Seelen ihre Sonnen.

(1680)

Francesco Petrarca
Eramo i capei d'or

Die goldnen Haare wehten wild im Wind,
der süße Wirrnis aus den Locken flicht,
verlockend war und ohne Maß das Licht
der Augen, die nun matt und glanzlos sind.

Mir schien, war's Wahrheit oder Trug, es ging
ein Hauch durch das Gesicht wie Zärtlichkeit.
Ich war wie Zunder schon zum Brand bereit,
was Wunder, dass im Nu ich Feuer fing?

Nicht wie die Sterblichen ging sie einher,
nein, wie die Engel leicht. Ihr Reden klang,
als käm es nicht aus eines Menschen Munde,

ein Bild des Himmels, eine Sonne sprang
mir in das Aug', und säh ich's nun nicht mehr:
Wird müd der Bogen, heilt dies nicht die Wunde.
(1340)
Übersetzung: Geraldine Gabor / Ernst-Jürgen Dreyer

Georg Rudolf Weckherlin

Ihrer Schönheit übernatürliche Würckung

Ich sah / als ihr gesicht / der Morgen-röhtin gleich /
Als ihre zwilling-brust / so weiß als schnee zu sehen /
Und ihren glatten halß vil taussent ringlein reich
Von ihrem krausen gold umbgaben / sie auffstehen.

Auffstehen sah ich sie / so kunstloß als Lieb-reich /
Mit solcher Schönheit schatz ohn müh / ohn sorg versehen /
Dass sie so Schön / so früh in der lieb Königreich
Kont andren umb mittag gezieret weit vorgehen.

Alßbald ich sie ersah / O wunder / schry ich bald /
Was kan von dieser brunst[1] und disem band mich freyhen /
Wan götlich sie an macht / und götlich an gestalt

Und wan / als sie mir wolt ihr angesicht verleyhen /
Je bloser ihre brust / je stärcker ihr gewalt /
Je freyher ihre haar / je mehr sie mich entfreyhen!/
(1648)

---

1 Brunst: (veraltet für) Lust.

Christian Hoffmann von Hoffmannswaldau

Beschreibung vollkommener Schönheit

Ein Haar, so kühnlich Trotz der Berenice[1] spricht,
Ein Mund, der Rosen führt und Perlen in sich heget,
Ein Zünglein, so ein Gift für tausend Herzen träget,
Zwo Brüste wo Rubin durch Alabaster bricht;

Ein Hals, der Schwanenschnee weit, weit zurücke sticht
Zwei Wangen, wo die Pracht der Flora[2] sich beweget,
Ein Blick, der Blitze führt und Männer niederleget,
Zwei Armen, deren Kraft oft Leuen[3] hingericht;

Ein Herz, aus welchem nichts als mein Verderben quillet,
Ein Wort, so himmlisch ist und mich verdammen kann,
Zwei Hände, deren Grimm mich in den Bann getan

Und durch ein süßes Gift die Seele selbst umhüllet;
Ein Zierrat, wie es scheint, im Paradies gemacht,
Hat mich um meinen Witz und meine Freiheit bracht.
(1695)

1 Berenice: Gemahlin eines ägyptischen Königs, die aus Dankbarkeit über dessen Rückkehr aus dem Krieg ihr schönes Haar der Aphrodite widmete.
2 Flora: (röm.) Göttin der Blumen und Blüten.
3 Leu: (veraltet für) Löwe.

Christian Hoffmann von Hoffmannswaldau

Vergänglichkeit der Schönheit

Es wird der bleiche Tod mit seiner kalten Hand
Dir Lesbie mit der Zeit um deine Brüste streichen,
Der liebliche Korall der Lippen wird verbleichen;
Der Schultern warmer Schnee wird werden kalter Sand.

Der Augen süßer Blitz, die Kräfte deiner Hand,
Für welchen solches fällt, die werden zeitlich weichen.
Das Haar, das itzund kann des Goldes Glanz erreichen,
Tilgt endlich Tag und Jahr als ein gemeines Band.

Der wohlgesetzte Fuß, die lieblichen Gebärden,
Die werden teils zu Staub, teils nichts und nichtig werden;
Dann opfert keiner mehr der Gottheit deiner Pracht.

Dies und noch mehr als dies muss endlich untergehen.
Dein Herze kann allein zu aller Zeit bestehen,
Dieweil es die Natur aus Diamant gemacht.

(1697)

Christian Hoffmann von Hoffmannswaldau

An Lauretten[1]

Laurette bleibstu ewig stein?
Soll forthin unverknüpffet seyn
Dein englisch-seyn und dein erbarmen?
Komm / komm und öffne deinen schooß
Und lass uns beyde nackt und bloß
Umgeben seyn mit geist und armen.

Lass mich auf deiner schwanen-brust
Die offt-versagte liebes-lust
Hier zwischen furcht und scham geniessen.
Und lass mich tausend tausendmahl /
Nach deiner güldnen haare zahl /
Die geister-reichen lippen küssen.

Lass mich den ausbund deiner pracht /
Der sammt und rosen nichtig macht /
Mit meiner schlechten haut bedecken;
Und wenn du deine lenden rührst /
Und deinen schooß gen himmel führst /
Sich zucker-süsse lust erwecken.

Und solte durch die heisse brunst /
Und deine hohe gegen-gunst
Mir auch die seele gleich entfliessen.
So ist dein zarter leib die bahr /
Die seele wird drey viertel jahr
Dein himmel-rundter bauch umschliessen.

1 Laurette: Der Name spielt auf Laura an, die Frau, der Petrarcas »Canzoniere« gewidmet ist, vgl. auch Materialienteil, S. 110 ff.

Und wer alsdenn nach meiner zeit
Zu lieben dich wird seyn bereit /
Und hören wird / wie ich gestorben /
Wird sagen: Wer also verdirbt /
Und in dem zarten schoosse stirbt /
Hat einen sanfften tod erworben.
(1697)

IV »Liebe lässt sich suchen, finden« – Liebesglück und -schmerz

Ludwig Tieck

Wunder der Liebe

Glosse

Mondbeglänzte Zaubernacht,
Die den Sinn gefangen hält,
Wundervolle Märchenwelt,
Steig auf in der alten Pracht!

Liebe lässt sich suchen, finden,
Niemals lernen, oder lehren,
Wer da will die Flamm entzünden,
Ohne selbst sich zu verzehren,
Muss sich reinigen der Sünden.
Alles schläft, weil er noch wacht,
Wann der Stern der Liebe lacht,
Goldne Augen auf ihn blicken,
Schaut er trunken von Entzücken
Mondbeglänzte Zaubernacht.

Aber nie darf er erschrecken,
Wenn sich Wolken dunkel jagen,
Finsternis die Sterne decken,
Kaum der Mond es noch will wagen,
Einen Schimmer zu erwecken.
Ewig steht der Liebe Zelt,
Von dem eignen Licht erhellt,
Aber Mut nur kann zerbrechen,
Was die Furcht will ewig schwächen,
Die den Sinn gefangen hält.

Keine Liebe hat gefunden,
Dem ein trüber Ernst beschieden,
Flüchtig sind die goldnen Stunden,
Welche immer den vermieden,
Den die bleiche Sorg umwunden:
Wer die Schlange an sich hält,
Dem ist Schatten vorgestellt,
Alles was die Dichter sangen,
Nennt der Arme, eingefangen,
Wundervolle Märchenwelt.

Herz, im Glauben auferblühend,
Fühlt alsbald die goldnen Scheine,
Die es lieblich in sich ziehend
Macht zu eigen sich und seine,
In der schönsten Flamme glühend,
Ist das Opfer angefacht,
Wird's dem Himmel dargebracht;
Hat dich Liebe angenommen,
Auf dem Altar hell entglommen,
Steig auf in der alten Pracht.
(1803)

Clemens Brentano

[Die Seufzer des Abendwinds wehen]

Die Seufzer des Abendwinds wehen
So jammernd und bittend im Turm;
Wohl hör' ich um Rettung dich flehen,
Du ringst mit den Wogen, versinkest im Sturm.

Ich seh' dich am Ufer; es wallet
Ein traurendes Irrlicht einher.
Mein liebendes Rufen erschallet,
Du hörest, du liebest, du stürzest ins Meer.

Ich lieb' und ich stürze verwegen
Dir nach in die Wogen hinab,
Ich komme dir sterbend entgegen,
Ich ringe, du sinkest, ich teile dein Grab.

Doch stürzt man den Stürmen des Lebens
Von neuem mich Armen nun zu.
Ich sinke; ich ringe vergebens,
Ach nur in dem Abgrund des Todes ist Ruh'.

Da schwinden die ewigen Fernen,
Da endet kein Leben mit dir.
Ich kenn' deinen Blick in den Sternen,
Ach sieh nicht so traurig, hab' Mitleid mit mir!
(1801)

Clemens Brentano
[Wenn die Sonne weggegangen]

Wenn die Sonne weggegangen,
Kömmt die Dunkelheit heran,
Abendrot hat goldne Wangen,
Und die Nacht hat Trauer an.

Seit die Liebe weggegangen,
Bin ich nun ein Mohrenkind,
Und die roten, frohen Wangen,
Dunkel und verloren sind.

Dunkelheit muss tief verschweigen,
Alles Wehe, alle Lust,
Aber Mond und Sterne zeigen,
Was ihr wohnet in der Brust.

Wenn die Lippen dir verschweigen
Meines Herzens stille Glut,
Müssen Blick und Tränen zeigen,
Wie die Liebe nimmer ruht.
(1804)

Karoline von Günderode

Die eine Klage

Wer die tiefste aller Wunden
Hat in Geist und Sinn empfunden
Bittrer Trennung Schmerz;
Wer geliebt was er verloren,
Lassen muss was er erkoren,
Das geliebte Herz,

Der versteht in Lust die Tränen
Und der Liebe ewig Sehnen
Eins in Zwei zu sein,
Eins im Andern sich zu finden,
Dass der Zweiheit Grenzen schwinden
Und des Daseins Pein.

Wer so ganz in Herz und Sinnen
Konnt' ein Wesen lieb gewinnen
O! den tröstet's nicht
Dass für Freuden, die verloren,
Neue werden neu geboren:
Jene sind's doch nicht.

Das geliebte, süße Leben,
Dieses Nehmen und dies Geben,
Wort und Sinn und Blick,
Dieses Suchen und dies Finden,
Dieses Denken und Empfinden
Gibt kein Gott zurück.

(1804)

Karoline von Günderode

Der Kuss im Traume

Es hat ein Kuss mir Leben eingehaucht,
Gestillet meines Busens tiefstes Schmachten,
Komm, Dunkelheit! mich traulich zu umnachten,
Dass neue Wonne meine Lippe saugt.

In Träume war solch Leben eingetaucht,
Drum leb' ich, ewig Träume zu betrachten,
Kann aller andern Freuden Glanz verachten,
Weil nur die Nacht so süßen Balsam haucht.

Der Tag ist karg an liebesüßen Wonnen,
Es schmerzt mich seines Lichtes eitles Prangen
Und mich verzehren seiner Sonne Gluten.

Drum birg dich Aug' dem Glanze ird'scher Sonnen!
Hüll dich in Nacht, sie stillet dein Verlangen
Und heilt den Schmerz, wie Lethes[1] kühle Fluten.

(1804)

1 Lethe: Im griechischen Mythos Strom in der Unterwelt, aus dem die Toten das Vergessen trinken.

Karoline von Günderode

[Ist alles stumm und leer]

Ist alles stumm und leer;
Nichts macht mir Freude mehr;
Düfte sie düften nicht,
Lüfte sie lüften nicht,
Mein Herz ist so schwer!

Ist alles öd und hin,
Bange mein Herz und Sinn;
Möchte, nicht weiß ich was,
Treibt mich ohne Unterlass,
Weiß nicht, wohin!

Ein Bild von Meisterhand
Hat mir den Sinn gebannt;
Seit ich das holde sah,
Ist's fern und ewig nah,
Mir anverwandt. –

Ein Klang im Herzen ruht,
Der noch erquickt den Mut
Wie Flötenhauch ein Wort,
Tönet noch leise fort.
Stillt Tränenflut.

Frühlinges Blumen treu,
Kommen zurück aufs neu;
Nicht so der Liebe Glück!
Ach es kommt nicht zurück –
Schön, doch nicht treu!

Kann Lieb' so unlieb sein,
Von mir so fern, was mein? –
Kann Lust so schmerzlich sein,
Untreu so herzlich sein?
O Wonn', o Pein!

Phönix[1] der Lieblichkeit,
Dich trägt dein Fittig weit
Hin zu der Sonne Strahl –
Ach, was ist dir zumal
Mein einsam Leid?
(1802)

1 Phönix: Heiliger Vogel der Ägypter, Symbol der ewigen Erneuerung und Auferstehung.

Eduard Mörike

Peregrina

I.

Der Spiegel dieser treuen, braunen Augen
Ist wie von innerm Gold ein Widerschein;
Tief aus dem Busen scheint er's anzusaugen,
Dort mag solch Gold in heil'gem Gram gedeihn.
In diese Nacht des Blickes mich zu tauchen,
Unwissend Kind, du selber lädst mich ein –
Willst, ich soll kecklich mich und dich entzünden,
Reichst lächelnd mir den Tod im Kelch der Sünden!

V.

Die Liebe, sagt man, steht am Pfahl gebunden,
Geht endlich arm, zerrüttet, unbeschuht;
Dies edle Haupt hat nicht mehr, wo es ruht,
Mit Tränen netzet sie der Füße Wunden.

Ach, Peregrinen hab ich so gefunden!
Schön war ihr Wahnsinn, ihrer Wange Glut,
Noch scherzend in der Frühlingsstürme Wut
Und wilde Kränze in das Haar gewunden.

War's möglich, solche Schönheit zu verlassen?
– So kehrt nur reizender das alte Glück!
O komm, in diese Arme dich zu fassen!

Doch weh! o weh! was soll mir dieser Blick?
Sie küsst mich zwischen Lieben noch und Hassen,
Sie kehrt sich ab, und kehrt mir nie zurück.

(1829)

Eduard Mörike

Früh im Wagen

Es graut vom Morgenreif
In Dämmerung das Feld,
Da schon ein blasser Streif
Den fernen Ost erhellt;

Man sieht im Lichte bald
Den Morgenstern vergehn,
Und doch am Fichtenwald
Den vollen Mond noch stehn:

So ist mein scheuer Blick,
Den schon die Ferne drängt,
Noch in das Schmerzensglück
Der Abschiedsnacht versenkt.

Dein blaues Auge steht,
Ein dunkler See, vor mir,
Dein Kuss, dein Hauch umweht,
Dein Flüstern mich noch hier.

An deinem Hals begräbt
Sich weinend mein Gesicht,
Und Purpurschwärze webt
Mir vor dem Auge dicht.

Die Sonne kommt; – sie scheucht
Den Traum hinweg im Nu,
Und von den Bergen streicht
Ein Schauer auf mich zu.

(1843)

Heinrich Heine

[Sie saßen und tranken am Teetisch]

Sie saßen und tranken am Teetisch,
Und sprachen von Liebe viel.
Die Herren die waren ästhetisch,
Die Damen von zartem Gefühl.

Die Liebe muss sein platonisch,
Der dürre Geheimrat sprach.
Die Rätin lächelt ironisch,
Und dennoch seufzet sie: Ach!

Der Domherr öffnet den Mund weit:
Die Liebe sei nicht zu roh,
Sie schadet sonst der Gesundheit.
Das Fräulein lispelt: wieso?

Die Gräfin spricht wehmütig:
Die Liebe ist eine Passion!
Und präsentieret gütig
Die Tasse dem Herren Baron.

Am Tische war noch ein Plätzchen;
Mein Liebchen, da hast du gefehlt.
Du hättest so hübsch, mein Schätzchen,
Von deiner Liebe erzählt.

(1823)

Doris Runge
Einladung zum Tee

sie nippen aus dünnen tassen
halten hündisch geduckte
schatten schön bei fuß
lieben kette und ring
rahm und schmalz
gebäck zum tee und
trockenblumen werden
nie müde vom blühen
(1988)

V »Du schönste Wunderblume süßer Frauen« – Frauenbilder

Karl Rottmanner

Auf ein Gemälde von Leonardo da Vinci

Marie mit dem Christuskinde, dem der kleine Johannes eine Lilie reicht

Die heil'ge Jungfrau, still in Lieb' ergossen,
Senkt hold den Blick auf zwei unschuld'ge Knaben,
Ihr rein Gemüt am sinn'gen Spiel zu laben,
Und hält mit treuen Armen sie umschlossen.

Dem Himmlischen, aus ihrem Schoß entsprossen,
Christus, in süßer Kindheit hold erhaben,
Reicht sanft der Ird'sche frommen Herzens Gaben
In weißer Lilie, still und zart erschlossen.

O heil'ge Deutung von so heil'gem Bilde!
Wie strahlt, ein tröstend Himmelslicht, gelinde
Aus dir das Wort voll wunderbarer Klarheit:

Nur reinem Sinn entfällt des Ird'schen Binde,
Der Unschuld Lilie nur vereinigt milde
Den Sterblichen mit ew'ger Lieb' und Wahrheit.
(1808)

Joseph von Eichendorff

An Luise

Ich wollt in Liedern oft dich preisen,
Die wunderstille Güte,
Wie du ein halbverwildertes Gemüte
Dir liebend hegst und heilst auf tausend süße Weisen,
Des Mannes Unruh und verworrnem Leben
Durch Tränen lächelnd bis zum Tod ergeben.

Doch wie den Blick ich dichtend wende,
So schön in stillem Harme
Sitzt du vor mir, das Kindlein auf dem Arme,
Im blauen Auge Treu und Frieden ohne Ende,
Und alles lass ich, wenn ich dich so schaue –
Ach, wen Gott lieb hat, gab er solche Fraue!

(1816)

Joseph von Eichendorff

Der Blick

Schaust du mich aus deinen Augen
Lächelnd wie aus Himmeln an,
Fühl ich wohl, dass keine Lippe
Solche Sprache führen kann.

Könnte sie's auch wörtlich sagen,
Was dem Herzen tief entquillt,
Still den Augen aufgetragen,
Wird es süßer nur erfüllt.

Und ich seh des Himmels Quelle,
Die mir lang verschlossen war,
Wie sie bricht in reinster Helle
Aus dem reinsten Augenpaar.

Und ich öffne still im Herzen
Alles, alles diesem Blick,
Und den Abgrund meiner Schmerzen
Füllt er strömend aus mit Glück!

(Aus dem Nachlass)

Joseph von Eichendorff

Der Schiffer

Du schönste Wunderblume süßer Frauen!
Ein Meer bist du, wo Flut und Himmel laden,
Fröhlich zu binden von des Grüns Gestaden
Der Wünsche blühnde Segel voll Vertrauen.

So schiffend nun auf stillerblühten Auen,
In Lockennacht, wo Blicke zaubrisch laden,
Des Munds Koralln in weißem Glanze baden,
Wen füllt' mit süßem Schauer nicht solch Schauen!

Viel hab ich von Sirenen sagen hören,
Stimmen, die aus dem Abgrund lockend schallen
Und Schiff und Schiffer ziehn zum kühlen Tode.

Ich muss dem Zauber ewge Treue schwören,
Und Ruder, Segel lass ich gerne fallen,
Denn schönres Leben blüht aus solchem Tode.
(1808)

Joseph von Eichendorff
Waldgespräch

Es ist schon spät, es wird schon kalt,
Was reitst du einsam durch den Wald?
Der Wald ist lang, du bist allein,
Du schöne Braut! Ich führ dich heim!

»Groß ist der Männer Trug und List,
Vor Schmerz mein Herz gebrochen ist,
Wohl irrt das Waldhorn her und hin,
O flieh! Du weißt nicht, wer ich bin.«

So reich geschmückt ist Ross und Weib,
So wunderschön der junge Leib,
Jetzt kenn ich dich – Gott steh mir bei!
Du bist die Hexe Lorelei.

»Du kennst mich wohl – von hohem Stein
Schaut still mein Schloss tief in den Rhein.
Es ist schon spät, es wird schon kalt,
Kommst nimmermehr aus diesem Wald!«
(1812)

Joseph von Eichendorff

Der stille Grund

Der Mondschein verwirret
Die Täler weit und breit,
Die Bächlein, wie verirret,
Gehn durch die Einsamkeit.

Da drüben sah ich stehen
Den Wald auf steiler Höh,
Die finstern Tannen sehen
In einen tiefen See.

Ein' Kahn wohl sah ich ragen,
Doch niemand, der es lenkt,
Das Ruder war zerschlagen,
Das Schifflein halb versenkt.

Eine Nixe auf dem Steine
Flocht dort ihr goldnes Haar,
Sie meint', sie wär alleine,
Und sang so wunderbar.

Sie sang und sang, in den Bäumen
Und Quellen rauscht' es sacht,
Und flüsterte wie in Träumen
Die mondbeglänzte Nacht.

Ich aber stand erschrocken,
Denn über Wald und Kluft
Klangen die Morgenglocken
Schon ferne durch die Luft.

Und hätt ich nicht vernommen
Den Klang zu guter Stund,
Wär nimmermehr gekommen
Aus diesem stillen Grund.

(1837)

Clemens Brentano

[Zu Bacharach am Rheine]

Zu Bacharach am Rheine
Wohnt eine Zauberin,
Sie war so schön und feine
Und riss viel Herzen hin.

Und brachte viel zu schanden
Der Männer rings umher,
Aus ihren Liebesbanden
War keine Rettung mehr.

Der Bischof ließ sie laden
Vor geistliche Gewalt –
Und musste sie begnaden,
So schön war ihr' Gestalt.

Er sprach zu ihr gerühret:
»Du arme Lore Lay!
Wer hat dich denn verführet
Zu böser Zauberei?«

»Herr Bischof lasst mich sterben,
Ich bin des Lebens müd,
Weil jeder muss verderben,
Der meine Augen sieht.

Die Augen sind zwei Flammen,
Mein Arm ein Zauberstab –
O legt mich in die Flammen!
O brechet mir den Stab!«

»Ich kann dich nicht verdammen,
Bis du mir erst bekennt,
Warum in diesen Flammen
Mein eigen Herz schon brennt.

Den Stab kann ich nicht brechen,
Du schöne Lore Lay!
Ich müsste dann zerbrechen
Mein eigen Herz entzwei«

»Herr Bischof mit mir Armen
Treibt nicht so bösen Spott,
Und bittet um Erbarmen,
Für mich den lieben Gott.

Ich darf nicht länger leben,
Ich liebe keinen mehr –
Den Tod sollt Ihr mir geben,
Drum kam ich zu Euch her.–

Mein Schatz hat mich betrogen,
Hat sich von mir gewandt,
Ist fort von hier gezogen,
Fort in ein fremdes Land.

Die Augen sanft und wilde,
Die Wangen rot und weiß,
Die Worte still und milde
Das ist mein Zauberkreis.

Ich selbst muss drin verderben,
Das Herz tut mir so weh,
Vor Schmerzen möcht' ich sterben,
Wenn ich mein Bildnis seh'.

Drum lasst mein Recht mich finden,
Mich sterben, wie ein Christ,
Denn alles muss verschwinden,
Weil er nicht bei mir ist.«

Drei Ritter lässt er holen:
»Bringt sie ins Kloster hin,
Geh Lore! – Gott befohlen
Sei dein berückter Sinn.

Du sollst ein Nönnchen werden,
Ein Nönnchen schwarz und weiß,
Bereite dich auf Erden
Zu deines Todes Reis'.«

Zum Kloster sie nun ritten,
Die Ritter alle drei,
Und traurig in der Mitten
Die schöne Lore Lay.

»O Ritter lasst mich gehen,
Auf diesen Felsen groß,
Ich will noch einmal sehen
Nach meines Lieben Schloss.

Ich will noch einmal sehen
Wohl in den tiefen Rhein,
Und dann ins Kloster gehen
Und Gottes Jungfrau sein.«

Der Felsen ist so jähe,
So steil ist seine Wand,
Doch klimmt sie in die Höhe,
Bis dass sie oben stand.

Es binden die drei Ritter,
Die Rosse unten an,
Und klettern immer weiter,
Zum Felsen auch hinan.

Die Jungfrau sprach: »da gehet
Ein Schifflein auf dem Rhein,
Der in dem Schifflein stehet,
Der soll mein Liebster sein.

Mein Herz wird mir so munter,
Er muss mein Liebster sein!–«
Da lehnt sie sich hinunter
Und stürzet in den Rhein.

Die Ritter mussten sterben,
Sie konnten nicht hinab,
Sie mussten all verderben,
Ohn' Priester und ohn' Grab.

Wer hat dies Lied gesungen?
Ein Schiffer auf dem Rhein,
Und immer hat's geklungen
Von dem drei Ritterstein:

Lore Lay
Lore Lay
Lore Lay

Als wären es meiner drei.
(1802)

Otto Heinrich Graf von Loeben

Der Lurleyfels

Da wo der Mondschein blitzet
Um's höchste Felsgestein,
Das Zauberfräulein sitzet,
Und schauet auf den Rhein.

Es schauet herüber, hinüber,
Es schauet hinab, hinauf,
Die Schifflein ziehn vorüber,
Lieb' Knabe, sieh' nicht auf!

Sie singt dir hold zum Ohre,
Sie blickt dich töricht an,
Sie ist die schöne Lore,
Sie hat dir's angetan.

Sie schaut wohl nach dem Rheine,
Als schaute sie nach dir,
Glaub's nicht, dass sie dich meine,
Sieh' nicht, horch nicht nach ihr.

So blickt sie wohl nach allen
Mit ihrer Äuglein Glanz,
Lässt her die Locken wallen
Unter dem Perlenkranz.

Doch wogt in ihrem Blicke
Nur blauer Wellen Spiel,
Drum scheu die Wassertücke,
Denn Flut bleibt falsch und kühl.
(1821)

Heinrich Heine
[Ich weiß nicht, was soll es bedeuten]

Ich weiß nicht, was soll es bedeuten,
Dass ich so traurig bin;
Ein Märchen aus uralten Zeiten,
Das kommt mir nicht aus dem Sinn.

Die Luft ist kühl und es dunkelt,
Und ruhig fließt der Rhein;
Der Gipfel des Berges funkelt
Im Abendsonnenschein.

Die schönste Jungfrau sitzet
Dort oben wunderbar;
Ihr goldnes Geschmeide blitzet,
Sie kämmt ihr goldenes Haar.

Sie kämmt es mit goldenem Kamme
Und singt ein Lied dabei;
Das hat eine wundersame,
Gewaltige Melodei.

Den Schiffer im kleinen Schiffe
Ergreift es mit wildem Weh;
Er schaut nicht die Felsenriffe,
Er schaut nur hinauf in die Höh.

Ich glaube, die Wellen verschlingen
Am Ende Schiffer und Kahn;
Und das hat mit ihrem Singen
Die Lore-Ley getan.
(1824)

VI »La rauschen lieb, la rauschen« – Gedichte im Volksliedton

Unbekannter Verfasser (Aus: »Des Knaben Wunderhorn«)

Ich hort ein sichellin rauschen

Ich hort ein sichellin rauschen
Wol rauschen durch das korn,
Ich hort ein feine magt klagen,
Sie het ir lieb verlorn.

»La rauschen lieb, la rauschen!
Ich acht nit wie es ge;
Ich hab mir ein bulen erworben
In feiel und grünen kle.«

»Hast du ein bulen erworben
In feiel und grünen kle,
So ste ich hie alleine,
Tut meinem herzen we.«
(Mitte des 16. Jahrhunderts)

Unbekannter Verfasser (Aus: »Des Knaben Wunderhorn«)

Spinnlied

Spinn, Mägdlein, spinn!
So wachsen dir die Sinn;
Wachsen dir die gelben Haar,
Kommen dir die kluge Jahr!

Ehr, Mägdlein, ehr
Die alte Spinnkunst sehr;
Adam hackt und Eva spann,
Zeigen uns die Tugendbahn.

Lieb, Mägdlein, lieb
Der Hanna ihren Trieb;
Wie sie mit der Spindel kann
Nähren ihren blinden Mann.

Preis, Mägdlein, preis
Der Mutter Gottes Fleiß;
Diese heilge Himmelskron
Spann ein Röcklein ihrem Sohn.

Sing, Mägdlein, sing
Und sei fein guter Ding;
Fang dein Spinnen lustig an,
Mach ein frommes End daran.

Lern, Mägdlein, lern,
So hast du Glück und Stern;
Lerne bei dem Spinnen fort
Gottesfurcht und Gotteswort.

Glaub, Mägdlein, glaub,
Dein Leben ist nur Staub;
Dass du kömmst so schnell ins Grab,
Als dir bricht der Faden ab.

Lob, Mägdlein, lob,
Dem Schöpfer halte Prob;
Dass dir Glaub und Hoffnung wachs
Wie dein Garn und wie dein Flachs.

Dank, Mägdlein, dank
Dem Herrn, dass du nicht krank,
Dass du kannst fein oft und viel
Treiben dieses Rockenspiel.
Dank, Mägdlein, dank!

Clemens Brentano
Der Spinnerin Nachtlied

Es sang vor langen Jahren
Wohl auch die Nachtigall,
Das war wohl süßer Schall,
Da wir zusammen waren.

Ich sing' und kann nicht weinen
Und spinne so allein
Den Faden klar und rein,
Solang der Mond wird scheinen.

Als wir zusammen waren,
Da sang die Nachtigall,
Nun mahnet mich ihr Schall,
Dass du von mir gefahren.

So oft der Mond mag scheinen,
Denk' ich wohl dein allein,
Mein Herz ist klar und rein,
Gott wolle uns vereinen.

Seit du von mir gefahren,
Singt stets die Nachtigall,
Ich denk' bei ihrem Schall,
Wie wir zusammen waren.

Gott wolle uns vereinen,
Hier spinn' ich so allein,
Der Mond scheint klar und rein,
Ich sing' und möchte weinen!
(1818)

Eduard Mörike

Das verlassene Mägdlein

Früh, wann die Hähne krähn,
Eh die Sternlein verschwinden,
Muss ich am Herde stehn,
Muss Feuer zünden.

Schön ist der Flammen Schein,
Es springen die Funken;
Ich schaue so drein,
In Leid versunken.

Plötzlich, da kommt es mir,
Treuloser Knabe,
Dass ich die Nacht von dir
Geträumet habe.

Träne auf Träne dann
Stürzet hernieder
So kommt der Tag heran –
O ging er wieder!
(1829)

Joseph von Eichendorff

Das zerbrochene Ringlein

In einem kühlen Grunde
Da geht ein Mühlenrad,
Mein Liebste ist verschwunden,
Die dort gewohnet hat.

Sie hat mir Treu versprochen,
Gab mir ein'n Ring dabei,
Sie hat die Treu gebrochen,
Mein Ringlein sprang entzwei.

Ich möcht als Spielmann reisen
Weit in die Welt hinaus,
Und singen meine Weisen,
Und gehn von Haus zu Haus.

Ich möcht als Reiter fliegen
Wohl in die blut'ge Schlacht,
Um stille Feuer liegen
Im Feld bei dunkler Nacht.

Hör ich das Mühlrad gehen:
Ich weiß nicht, was ich will –
Ich möchte am liebsten sterben,
Da wär's auf einmal still!
(1810)

Joseph von Eichendorff

Zwielicht

Dämmrung will die Flügel spreiten,
Schaurig rühren sich die Bäume,
Wolken ziehn wie schwere Träume –
Was will dieses Graun bedeuten?

Hast ein Reh du lieb vor andern,
Lass es nicht alleine grasen,
Jäger ziehn im Wald und blasen,
Stimmen hin und wieder wandern.

Hast du einen Freund hienieden,
Trau ihm nicht zu dieser Stunde,
Freundlich wohl mit Aug und Munde,
Sinnt er Krieg im tück'schen Frieden.

Was heut müde gehet unter,
Hebt sich morgen neugeboren.
Manches bleibt in Nacht verloren –
Hüte dich, bleib wach und munter!

(1811)

VII »So macht's doch noch lang keine Welt« – Heinrich Heine

Heinrich Heine

[Ich hab im Traum geweinet]

Ich hab im Traum geweinet,
Mir träumte, du lägest im Grab.
Ich wachte auf, und die Träne
Floss noch von der Wange herab.

Ich hab im Traum geweinet,
Mir träumt', du verließest mich.
Ich wachte auf, und ich weinte
Noch lange bitterlich.

Ich hab im Traum geweinet,
Mir träumte, du bliebest mir gut.
Ich wachte auf, und noch immer
Strömt meine Tränenflut.
(1821/22)

Heinrich Heine

[Der Tod, das ist die kühle Nacht]

Der Tod, das ist die kühle Nacht,
Das Leben ist der schwüle Tag.
Es dunkelt schon, mich schläfert,
Der Tag hat mich müd gemacht.

Über mein Bett erhebt sich ein Baum,
Drin singt die junge Nachtigall;
Sie singt von lauter Liebe.
Ich hör es sogar im Traum.
(1823/1824)

Heinrich Heine

[Mir träumte wieder der alte Traum]

Mir träumte wieder der alte Traum:
Es war eine Nacht im Maie,
Wir saßen unter dem Lindenbaum
Und schwuren uns ewige Treue.

Das war ein Schwören und Schwören aufs neu,
Ein Kichern, ein Kosen, ein Küssen;
Dass ich gedenk des Schwures sei,
Hast du in die Hand mich gebissen.

O Liebchen mit den Äuglein klar!
O Liebchen schön und bissig!
Das Schwören in der Ordnung war,
Das Beißen war überflüssig.
(1821/22)

Heinrich Heine
[Auf Flügeln des Gesanges]

Auf Flügeln des Gesanges,
Herzliebchen, trag ich dich fort,
Fort nach den Fluren des Ganges,
Dort weiß ich den schönsten Ort.

Dort liegt ein rotblühender Garten
Im stillen Mondenschein;
Die Lotosblumen erwarten
Ihr trautes Schwesterlein.

Die Veilchen kichern und kosen,
Und schaun nach den Sternen empor;
Heimlich erzählen die Rosen
Sich duftende Märchen ins Ohr.

Es hüpfen herbei und lauschen
Die frommen, klugen Gazell'n;
Und in der Ferne rauschen
Des heiligen Stromes Welln.

Dort wollen wir niedersinken
Unter dem Palmenbaum,
Und Liebe und Ruhe trinken,
Und träumen seligen Traum.
(1827)

Heinrich Heine

[Ich steh auf des Berges Spitze]

Ich steh auf des Berges Spitze,
Und werde sentimental.
»Wenn ich ein Vöglein wäre!«
Seufz' ich viel tausendmal.

Wenn ich eine Schwalbe wäre,
So flög' ich zu dir, mein Kind,
Und baute mir mein Nestchen,
Wo deine Fenster sind.

Wenn ich eine Nachtigall wäre,
So flög' ich zu dir, mein Kind,
Und sänge dir nachts meine Lieder
Herab von der grünen Lind'.

Wenn ich ein Gimpel[1] wäre,
So flög' ich gleich an dein Herz;
Du bist ja hold den Gimpeln,
Und heilest Gimpelschmerz.
(1827)

1 Gimpel: Vogelart.

Heinrich Heine

[Der Mond ist aufgegangen]

Der Mond ist aufgegangen
Und überstrahlt die Well'n;
Ich halte mein Liebchen umfangen;
Und unsre Herzen schwell'n.

Im Arm des holden Kindes
Ruh ich allein am Strand; –
Was horchst du beim Rauschen des Windes?
Was zuckt deine weiße Hand?

»Das ist kein Rauschen des Windes,
Das ist der Seejungfern Gesang,
Und meine Schwestern sind es,
Die einst das Meer verschlang.«
(1823/1824)

Heinrich Heine

[Im Rhein, im heiligen Strome]

Im Rhein, im heiligen Strome,
Da spiegelt sich in den Well'n,
Mit seinem großen Dome,
Das große, heilige Köln.

Im Dom da steht ein Bildnis,
Auf goldenem Leder gemalt;
In meines Lebens Wildnis
Hat's freundlich hineingestrahlt.

Es schweben Blumen und Englein
Um unsre liebe Frau;
Die Augen, die Lippen, die Wänglein,
Die gleichen der Liebsten genau.
(1827)

Heinrich Heine
Wahrhaftig

Wenn der Frühling kommt mit dem Sonnenschein,
Dann knospen und blühen die Blümlein aus;
Wenn der Mond beginnt seinen Strahlenlauf,
Dann schwimmen die Sternlein hinterdrein;
Wenn der Sänger zwei süße Äuglein sieht,
Dann quellen ihm Lieder aus tiefem Gemüt; –
Doch Lieder und Sterne und Blümelein,
Und Äuglein und Mondglanz und Sonnenschein,
Wie sehr das Zeug auch gefällt,
So macht's doch noch lang keine Welt.
(1821)

Heinrich Heine
[Und als ich Euch meine Schmerzen geklagt]

Und als ich Euch meine Schmerzen geklagt,
Da habt Ihr gegähnt und nichts gesagt;
Doch als ich sie zierlich in Verse gebracht,
Da habt Ihr mir große Elogen gemacht.
(1825)

Heinrich Heine
[O, mein gnädiges Fräulein, erlaubt]

O, mein gnädiges Fräulein, erlaubt
Mir kranken Sohn der Musen,
Dass schlummernd ruhe mein Sängerhaupt
Auf Eurem Schwanenbusen!

»Mein Herr! wie können Sie es wagen,
Mir so was in Gesellschaft zu sagen?«
(1826)

Heinrich Heine
[Nun ist es Zeit, dass ich mit Verstand]

Nun ist es Zeit, dass ich mit Verstand
Mich aller Torheit entled'ge;
Ich hab' so lang als ein Komödiant
Mit dir gespielt die Komödie.

Die prächt'gen Kulissen, sie waren bemalt
Im hochromantischen Stile;
Mein Rittermantel hat goldig gestrahlt,
Ich fühlte die feinsten Gefühle.

Und nun ich mich gar säuberlich
Des tollen Tands endled'ge,
Noch immer elend fühl' ich mich,
Als spielt ich noch immer Komödie.

Ach Gott, ich hab' ja unbewusst
Gesprochen was ich gefühlet;
Ich hab' mit dem Tod in der eignen Brust
Den sterbenden Fechter gespielet.
(1825)

VIII »Und ich gehör dir nicht zu« – Gegenwartslyrik im Längsschnitt

Paul Celan

Corona

Aus der Hand frisst der Herbst mir sein Blatt: Wir sind Freunde.
Wir schälen die Zeit aus den Nüssen und lehren sie gehn:
Die Zeit kehrt zurück in die Schale.

Im Spiegel ist Sonntag,
im Traum wird geschlafen,
der Mund redet wahr.

Mein Aug steigt hinab zum Geschlecht der Geliebten:
Wir sehen uns an,
wir sagen uns Dunkles,
wir lieben einander wie Mohn und Gedächtnis,
wir schlafen wie Wein in den Muscheln,
wie das Meer im Blutstrahl des Mondes.

Wir stehen umschlungen im Fenster, sie sehen uns zu von der Straße:
es ist Zeit, dass man weiß!
Es ist Zeit, dass der Stein sich zu blühen bequemt,
dass der Unrast ein Herz schlägt.
Es ist Zeit, dass es Zeit wird.

Es ist Zeit.

(1952)

Ingeborg Bachmann
Dunkles zu sagen

Wie Orpheus spiel ich
auf den Saiten des Lebens den Tod
und in die Schönheit der Erde
und deiner Augen, die den Himmel verwalten,
weiß ich nur Dunkles zu sagen.

Vergiss nicht, dass auch du, plötzlich,
an jenem Morgen, als dein Lager
noch nass war von Tau und die Nelke
an deinem Herzen schlief,
den dunklen Fluss sahst,
der an dir vorbeizog.

Die Saiten des Schweigens
gespannt auf die Welle von Blut,
griff ich dein tönendes Herz.
Verwandelt ward deine Locke
ins Schattenhaar der Nacht,
der Finsternis schwarze Flocken
beschneiten dein Antlitz.

Und ich gehör dir nicht zu.
Beide klagen wir nun.

Aber wie Orpheus weiß ich
auf der Seite des Todes das Leben,
und mir blaut
dein für immer geschlossenes Aug.
(1953)

Karl Krolow
Liebesgedicht

Schwarzer Stein im Herzen der Kirsche,
Schwarzer Stein im Herzen des Mannes:
So schwebst du unsichtbar über der Luft,
Die Windrose im Haar,
Schwebst überm Zucker dieser Tage, dem Licht,
Über der Wärme, die die Achseln trocknet
Und den Schlaf unruhig macht.

Dein Atem stockt noch grün im Arm der Ulmenbäume.
Deine Stimme steht still zwischen zwei Silben.
Sie löst sich auf zwischen zwei dunklen Vokalen,
Buchstaben des Schweigens.

Braune Haut des Oberarms:
aufgerollt vom Flüstern der Mittagsstunde.
Weiße Haut der Hüfte:
aufgerollt vom Flüstern des Sommers.
Ich werde ihn aufgeben müssen,

Du bist hinter der Zeit, die in den Venen abläuft:
Schwarzer Stein im Herzen der Kirsche,
Schwarzer Stein im Herzen des Mannes,
Meinem Herzen.
Du bist hinter dem Öl des gezuckerten Branntweins
auf meinem Tisch,
Das ich anzünde.
Es leuchtet mir vor der Ungeduld der Nacht,

Die den Geruch einer Frau hat, die zur Frau gemacht wurde.
Du bist hinter dem Schritt, der Leben und Leben trennt.
Wo bist du ? ...
(1956)

Sarah Kirsch

Ich wollte meinen König töten

Ich wollte meinen König töten
Und wieder frei sein. Das Armband
Das er mir gab, den einen schönen Namen
Legte ich ab und warf die Worte
Weg die ich gemacht hatte: Vergleiche
Für seine Augen die Stimme die Zunge
Ich baute leergetrunkene Flaschen auf
Füllte Explosives ein – das sollte ihn
Für immer verjagen. Damit
Die Rebellion vollständig würde
Verschloß ich die Tür, ging
Unter Menschen, verbrüderte mich
In verschiedenen Häusern – doch
Die Freiheit wollte nicht groß werden
Das Ding Seele dies bourgeoise[1] Stück
Verharrte nicht nur, wurde milder
Tanzte wenn ich den Kopf
An gegen Mauern rannte. Ich ging
Den Gerüchten nach im Lande die
Gegen ihn sprachen, sammelte
Drei Bände Verfehlungen eine Mappe
Ungerechtigkeiten, selbst Lügen
Führte ich auf. Ganz zuletzt
Wollte ich ihn einfach verraten
Ich suchte ihn, den Plan zu vollenden
Küßte den anderen, daß meinem
König nichts widerführe
(1969)

1 Bourgeois: Bürgerlich.

Christoph Meckel
Speisewagen

Sonne, vereist über schlohweißen Ebenen
des späten Winters! An solchen Tagen
fahrn wir im Speisewagen nach Punt und Sesam.
Du hast nie tolle Hüte getragen und hältst nichts
von Federn und Frou-Frou, doch du hast
weiße Handschuhe an im Speisewagen
und malst dir Honigmonde auf Mund und Lider.

Dies ist ein anderer Tag, und ich habe
Kognak getrunken im Speisewagen, allein
mit einem fleckigen Tischtuch; ich habe
den Schnee memoriert und die Liebe noch einmal
für möglich gehalten, obwohl deine Handschuhe
nicht mehr dieselben sind und kein Wort mehr da ist
für Honigmonde, und Punt, und Sesam.
(1974)

Reiner Kunze
Rudern zwei

Rudern zwei
ein boot,
der eine
kundig der sterne,
der andre
kundig der stürme,
wird der eine
führn durch die sterne,
wird der andre
führn durch die stürme,
und am ende ganz am ende
wird das meer in der erinnerung
blau sein
(1984)

Werner Söllner
Liebende

Sie wollen nichts als sein. Nicht mehr. Das Dach
ist ihnen Dach, die Last noch Lust. Noch ganz
die Silbe Wort, geteilt. Ein naher Glanz
macht sie für uns zu Fremden. Sie sind wach

und schlafen ruhig. Sie leben einen Traum,
als gäbe es fürs Leben keine Frist,
als wäre tot, was nur vergangen ist.
Sie tragen nichts; nur jenen einen Raum,

in dem der andre trägt. Allein zu zweit,
sind sie im Einen. Was hat die Endlichkeit
zu tun mit ihrer Zeit? Und welche Welt

ist so in ihrem Sein wie jener Schlaf,
der jedem sagt, was je den andern traf?
Sie liegen nah, sind ganz auf sich gestellt.
(1988)

Durs Grünbein

Wußten wir, was den Reigen in Gang hält?

Wußten wir, was den Reigen in Gang hält?
Daß Lieben einsamer macht,
Schien erwiesen. Jeder behielt ihn für sich,
Seinen Dorn, bis zur Unzeit
Das Blut die Verbände durchschlug. Selten
Blieb jemand unverletzt. Eher kroch
Ein Schmerz beim andern unter. Verlassen
Zu sein war das größte Übel,
Nichts zu fühlen im Frühling, wie amputiert
Vor defekten Riesenrädern ...
Wie uns der Wind in die Baumkronen hob,
Aus denen wir fallen sollten,
Glücklich, mit einem langen Himmelsschrei.
(1994)

Barbara Köhler
Anfang III

Von Mund zu Mund vertiefen wir das Schweigen.
Die Hände streun Vergessen auf die Haut
wie Staub. So werden langsam wir vertraut
dem Abschied. Dass wir es nicht zeigen.

Dass wir noch lachen. Dass wir uns berühren
wie damals. Fast. Der Aufruhr ist vorbei.
Einmal war Gegenwart. Was war das: frei?
Woher die Furcht, einander zu verlieren.

Wir sagen das nicht mehr: Ich liebe dich.
Die Zukunft hat uns eingeholt, die Zeit.
Wir teilen eine Art von Einsamkeit,
wir fallen auseinander: du und ich.

Und halten uns. Und halten uns bereit.
(1999)

Wolf Biermann

Er versuchts mal andersrum, sie rumzukriegen

Weißt du was, mein kühles Liebchen?
Oben, seit sie nicht mehr streiten
Oben bei dem Göttermahle
Öden sich die alten Götter
Giften bisschen, und sie glotzen
Leere Löcher in den Äther
Abgewichste eitle Spötter
Und mit lässiger Gebärde
Wischen sie von ihren Tischen
Abfall. Popcorn, Mannareste
Mischen sie aus Langeweile
So – mal so – mal so zusammen
Und wie Kuchenkrümel mischen
Sie die Männlein und die Weiblein
Unten auf der platten Erde
Mit dem Schicksal kleiner Menschen
Spieln die Götter Menschenschicksal
Ohne Ziel und Zweck wie früher
Nein! – bloß bisschen ausprobieren
Wie das geht, wenn die mit dem geht:
Ob die Tierchen kopulieren
Ob sie kriechen oder fliegen
Ob sich diese armen Teufel
Immer noch mit Göttern messen
Ob sie sich aus Hass zerreißen
Oder sich vor Liebe fressen
Und die Götter oben gähnen
Wenn's da unten funkt, und wenn es
Nicht funkt, tja, dann grinsen
Sie sich eins und kichern blöde
Seit die Welt so fix und fertig
Wurde, ist es öde oben, öde
Und sie haben keinen Bock mehr
Weder Pflicht noch Lust verführt sie
Haben es verlernt, vergessen

Sich hier unten ganz mit Götter-
Haut-und-Haaren einzumischen
Keine Mythen, keine Story
Mit den Sterblichen hier unten
Und auch keine neue Bibel
Keine Arbeit mehr zu machen
– und so spielen sie statt dessen
Und das Spielchen heißt: Verkupple!
Und das Spielchen heißt: Zerteile!

Wir krepiern daran, mein Liebchen
Und da oben, die vertreiben
Sich an uns die Langeweile …
(1985 e/1995 v)

Silke Scheuermann

Requiem für einen gerade erst eroberten Planeten mit intensiver Strahlung

Aber was kommt wenn wir uns alle Geschichten erzählt
haben zehntausend heiße Geschichten

das Lexikon unserer Luftschlösser durchbuchstabiert
ist und wir unseren Stern durchgesessen haben wie das Sofa

auf dem wir uns sehr genau kennenlernten
wenn wir dann stumm am Fenster sitzen und rauchen

Nächte von fast vollkommener Stille
in denen nur deine letzten Sätze nachhallen

Sie sprachen davon dass wir
beide eigentlich Himmelskörper sind

die eine so große Anziehungskraft haben
dass sie nicht einmal ihr eigenes Licht fortlassen

also nicht leuchten sondern schwarz sind
an ihrer Zunge verbrannte Erzähler
(2001)

Manfred Enzensperger
nichts als küste

der klippenwind streicht die hecken glatt
die faust die am himmel hängt
ist eine wolke
die sonne kommt über den dünenkamm
und wirft uns schatten hin
du willst wissen was ich sehe
und wie das weiter geht mit uns
leises tosen in der tiefe
(2002)

Friederike Mayröcker
wenn ich vor ihm gestorben wäre

an zu fing
der Mann *Fink* / an zu weinen
es wäre im Frühjahr gewesen während
alle Bäume jauchzten (Fink Amsel Fink)
er hätte geweint in seinem schönsten Kleide
an meinem Grabe und wäre mir nach
weil in die Tiefe zog es ihn
(2003)

IX »du also« – Männer- und Frauenbilder

Heinrich Heine

[Du bist wie eine Blume]

Du bist wie eine Blume,
So hold und schön und rein;
Ich schau dich an, und Wehmut
Schleicht mir ins Herz hinein.

Mir ist, als ob ich die Hände
Aufs Haupt dir legen sollt,
Betend, dass Gott dich erhalte
So rein und schön und hold.
(1823/24)

Adelbert von Chamisso
Frauenliebe und -leben

1.
Er, der Herrlichste von allen,
Wie so milde, wie so gut!
Holde Lippen, klares Auge,
Heller Sinn und fester Mut.

So wie dort in blauer Tiefe,
Hell und herrlich, jener Stern,
Also er an meinem Himmel,
Hell und herrlich, hoch und fern.

Wandle, wandle deine Bahnen;
Nur betrachten deinen Schein,
Nur in Demut ihn betrachten,
Selig nur und traurig sein!

2.
Höre nicht mein stilles Beten,
Deinem Glücke nur geweiht;
Darfst mich niedre Magd nicht kennen,
Hoher Stern der Herrlichkeit!

Nur die Würdigste von allen
Soll beglücken deine Wahl,
Und ich will die Hohe segnen
Segnen viele tausend Mal.

Will mich freuen dann und weinen,
Selig, selig bin ich dann;
Sollte mir das Herz auch brechen,
Brich, o Herz, was liegt daran.
(1829)

Karin Kiwus

Im ersten Licht

Wenn wir uns gedankenlos getrunken haben
aus einem langen Sommerabend
in eine kurze heiße Nacht
wenn die Vögel dann früh
davonjagen aus gedämpften Färbungen
in den hellen tönenden frischgespannten Himmel

wenn ich dann über mir in den Lüften
weit und feierlich mich dehne
in den mächtigen Armen meiner Toccata[1]

wenn du dann neben mir im Bett
deinen ausladenden Klangkörper bewegst
dich dumpf aufrichtest und zur Tür gehst

und wenn ich dann im ersten Licht
deinen fetten Arsch sehe
deinen Arsch
verstehst du
deinen trüben verstimmten ausgeleierten Arsch

dann weiß ich wieder
dass ich dich nicht liebe
wirklich
dass ich dich einfach nicht liebe
(1976)

1 Toccata: In freier Improvisation gestaltetes Musikstück für Tasteninstrumente.

Doris Runge
du also

mit deiner schiebermütze
deiner schwarzen hornbrille
im schlotternden
englischen cord
in pferdeschuhen
mit pfeifendem atem
du hier
im gemüseladen
um die ecke
nur ein kleiner schwindel
ein fliegendes herz
ein griff nach der kehle
du also
(2003)

Ulla Hahn

Verbesserte Auflage

Nur noch wenige Schritte dann
wird sie ihm wieder gehören hören
beschwören sein Lied das ohne sie
ihm versiegt. Hals Nase Ohren
die Augen die Haare den Mund
und so weiter wie
will er sie preisen allein
zu ihrem ewigen Ruhm.
Als eine Stimme anhebt.
Orpheus hört:
die zum Lauschen Bestellte fällt
singend ihm in den Rücken.
Da
dreht er sich um und
da
gleitet aus seinen verwirrten Händen
die Leier. Die Euridike aufhebt
und im Hinausgehn schlägt in noch
leise verhaltenen Tönen. Hals Nase Ohren
die Augen die Haare den Mund
und so weiter wie
will sie ihn preisen allein
zu seinem ewigen Ruhm.
Ob Orpheus ihr folgte
lassen die Quellen
im Trüben.
(1981)

Ulla Hahn
Eurydikes Lied

… er folgte mir.
Und als ich weiter sang
so sang als wäre er mir nicht gefolgt
da sang auch er.
Was mir wie Weinen klang
zunächst doch dann
– als hielte ich die Welt
wie eine Muschel an mein Ohr –
wie See wie Mond.
Ich seine Sonne.
Die er umkreist wie ich umkreise ihn,
der mich umkreisen und
Tiere Bäume Steine singen lässt.
Er folgte mir
Und als ich weiter sang
so sang …
da sang auch er …
(2004)

Silke Scheuermann

Undine geht weil Hans ihre neuen Kleider nicht mehr bewundert

Dein Blick weg vom Körper zum Horizont
entfernt dich von mir und den Dingen
den Blutkörperchen Handhaltungen
schließlich dem Glanztrio Auge Zahn Lippe

führt hinter das Tageslicht in andere Räume
weit weg zu den Grabgräbern Grabrednern
den Putschisten und Kämpfern in Grosny
zu dem Regenbogen rot gelb rot

weil jede Wolke nur Eiter und Blut spuckt
schon meine Mutter sagte mir
schlaf nie mit einem Fotografen
sie haben schon zu viel gesehen

Du bist bei Hügeln aus Tulpen oder wo
Dies ist die Stadt Fußgängerzone
hier sind wir hier spazieren dein
inneres Feuer umher mit dem Wissen

dass zwei Personen die sich lieben
sich addieren oder subtrahieren können
Plus machen können oder wie in
diesem Fall ganz unverschuldet Minus
(2001 v)

X »Er liebt mich nicht mehr« – Die Verlassenen

Ingeborg Bachmann

Eine Art Verlust

Gemeinsam benutzt: Jahreszeiten, Bücher und eine Musik.
Die Schlüssel, die Teeschalen, den Brotkorb, Leintücher
und ein Bett.
Eine Aussteuer von Worten, von Gesten, mitgebracht,
verwendet, verbraucht.
Eine Hausordnung beachtet. Gesagt. Getan. Und immer
die Hand gereicht.

In Winter, in ein Wiener Septett und in Sommer habe ich
mich verliebt.
In Landkarten, in ein Bergnest, in einen Strand und in ein Bett.
Einen Kult getrieben mit Daten, Versprechen für
unkündbar erklärt,
angehimmelt ein Etwas und fromm gewesen vor einem Nichts,

(– der gefalteten Zeitung, der kalten Asche, dem Zettel
mit einer Notiz)
furchtlos in der Religion, denn die Kirche war dieses Bett.

Aus dem Seeblick hervor ging meine unerschöpfliche Malerei.
Von dem Balkon herab waren die Völker, meine Nachbarn,
zu grüßen.
Am Kaminfeuer, in der Sicherheit, hatte mein Haar seine
äußerste Farbe.
Das Klingeln an der Tür war der Alarm für meine Freude.

Nicht dich habe ich verloren,
sondern die Welt.
(1964/1967)

Sarah Kirsch

Bei den Stiefmütterchen

Bei den weißen Stiefmütterchen
im Park wie er's mir auftrug
stehe ich unter der Weide
ungekämmte Alte blattlos
siehst du sagt sie er kommt nicht

Ach sage ich er hat sich den Fuß gebrochen
eine Gräte verschluckt, eine Straße
wurde plötzlich verlegt oder
er kann seiner Frau nicht entkommen
viele Dinge hindern uns Menschen

Die Weide wiegt sich und knarrt
kann auch sein er ist schon tot
sah blaß aus als er dich untern Mantel küßte
kann sein Weide kann sein
so wollen wir hoffen er liebt mich nicht mehr
(1967)

Ulla Hahn
Mit Haut und Haar

Ich zog dich aus der Senke deiner Jahre
und tauchte dich in meinen Sommer ein
ich leckte dir die Hand und Haut und Haare
und schwor dir ewig mein und dein zu sein.

Du wendetest mich um. Du branntest mir dein Zeichen
mit sanftem Feuer in das dünne Fell.
Da ließ ich von mir ab. Und schnell
begann ich vor mir selbst zurückzuweichen

und meinem Schwur. Anfangs blieb noch Erinnern
ein schöner Überrest der nach mir rief.
Da aber war ich schon in deinem Innern
vor mir verborgen. Du verbargst mich tief.

Bis ich ganz in dir aufgegangen war:
da spucktest du mich aus mit Haut und Haar.
(1981)

Ulla Hahn
Verzeihung

Ich verzeihe mir
jede Sekunde die ich
um dich geweint
alle Tage Monate Jahre
des Wartens das dich
gemeint

Ich verzeihe mir
jede Lüge jede
Täuschung die mich von dir
Entfernte ich glaubte aber
ich näherte mich dir

Ich verzeihe mir
dich ich werde nichts
verloren geben ich gebe
dir was ich will
zurück was ich nicht will
Ich lebe.
(1985)

Albert Ostermaier

lost & found

sei unbesorgt ich werd wenn wir uns
wiedersehn an dir vorübergehen dem
blinden der sich vor mir bückt eine
liebe vor die füße werfen die dich
auszahlt für ihn wenn ich den schein &
mich vergesse mich umdreh nach dir
die gläser mit den tränen putze bis
sich dein bild verwischt im blues
des bettlers der mir dankt dass ich
ein mann bin der ein herz hat das ich
doch grad verlor da geht es lang &
schlägt so schnell wie ich nicht laufen
kann still wie es stand als ich dich sah
sei unbesorgt jetzt renn ich schrei
mir die lungen aus dem leib bleib
stehn
(1997)

XI »Erklär mir, Liebe« – Nachdenken über Liebe

Sibylla Schwarz

Liebe schont der Götter nicht

Liebe schont der Götter nicht /
sie kann alles überwinden /
sie kann alle Herzen binden /
durch der Augen klares Licht.
Selbst des Phebus[1] Herze bricht /
seine Klarheit muss verschwinden /
er kann keine Ruhe finden /
weil der Pfeil noch in ihm sticht.
Jupiter ist selbst gebunden /
Herkules ist überwunden
durch die bittersüße Pein;
wie dann können doch die Herzen
bloßer Menschen dieser Schmerzen
ganz und gar entübrigt sein?
(1650)

1 Phöbus: Beiname des griechischen Gottes Apollon. Apollon war u. a. der Gott des Lichtes.

Karoline von Günderode
Liebe

O reiche Armut! Gebend, seliges Empfangen!
In Zagheit Mut! in Freiheit doch gefangen.
In Stummheit Sprache,
Schüchtern bei Tage,
Siegend mit zaghaftem Bangen.

Lebendiger Tod, im Einen sel'ges Leben
Schwelgend in Not, im Widerstand ergeben.
Genießend schmachten,
Nie satt betrachten
Leben im Traum und doppelt Leben.
(1804)

Ingeborg Bachmann
Erklär mir, Liebe

Dein Hut lüftet sich leis, grüßt, schwebt im Wind,
dein unbedeckter Kopf hat's Wolken angetan,
dein Herz hat anderswo zu tun,
dein Mund verleibt sich neue Sprachen ein,
das Zittergras im Land nimmt überhand,
Sternenblumen bläst der Sommer an und aus,
von Flocken blind erhebst du dein Gesicht,
du lachst und weinst und gehst an dir zugrund,
was soll dir noch geschehen –

Erklär mir, Liebe!

Der Pfau, in feierlichem Staunen, schlägt sein Rad,
die Taube stellt den Federkragen hoch,
vom Gurren überfüllt, dehnt sich die Luft,
der Entrich schreit, vom wilden Honig nimmt
das ganze Land, auch im gesetzten Park
hat jedes Beet ein goldner Staub umsäumt.

Der Fisch errötet, überholt den Schwarm
und stürzt durch Grotten ins Korallenbett.
Zur Silbersandmusik tanzt scheu der Skorpion.
Der Käfer riecht die Herrlichste von weit;
hätt ich nur seinen Sinn, ich fühlte auch,
dass Flügel unter ihrem Panzer schimmern,
und nähm den Weg zum fernen Erdbeerstrauch!

Erklär mir, Liebe!

Wasser weiß zu reden,
die Welle nimmt die Welle an der Hand,
im Weinberg schwillt die Traube, springt und fällt.
So arglos tritt die Schnecke aus dem Haus!
Ein Stein weiß einen andern zu erweichen!

Erklär mir, Liebe, was ich nicht erklären kann:
sollt ich die kurze schauerliche Zeit
nur mit Gedanken Umgang haben und allein
nichts Liebes kennen und nichts Liebes tun?
Muss einer denken? Wird er nicht vermisst?

Du sagst: es zählt ein andrer Geist auf ihn ...
Erklär mir nichts. Ich seh den Salamander
durch jedes Feuer gehen.
Kein Schauer jagt ihn, und es schmerzt ihn nichts.
(1956)

Hans Magnus Enzensberger
Call it love

Jetzt summen in den nackten Häusern die Körbe
auf und nieder
                    lodern die Lampen
                                        betäubend
schlägt der April durchs gläserne Laub
springen den Frauen die Pelze im Park auf
ja über den Dächern preisen die Diebe den Abend
als hätte wie eine Taube aus weißem Batist
als hätte unvermutet und weiß und schimmernd
die Verschollene hinter den Bergen, den Formeln,
die Ausgewiesne auf den verwitterten Sternen,
ohne Gedächtnis verbannt
                                        ohne Paß ohne Schuhe
sich niedergelassen auf ihre bittern
todmüden Jäger
                    Schön ist der Abend
(1957)

Paul Celan
Die Liebe, zwangsjackenschön

DIE LIEBE; zwangsjackenschön;
hält auf das Kranichpaar zu.

Wen, da er durchs Nichts fährt,
holt das Veratmete hier
in eine der Welten herüber?
(1968)

Reiner Kunze

Die Liebe

Die liebe
ist eine wilde rose in uns
Sie schlägt ihre wurzeln
in den augen,
wenn sie dem blick des geliebten begegnen
Sie schlägt ihre wurzeln
in den wangen,
wenn sie den hauch des geliebten spüren
Sie schlägt ihre wurzeln
in der haut des armes,
wenn ihn die hand des geliebten berührt
Sie schlägt ihre wurzeln,
wächst wuchert
und eines abends
oder eines morgens
fühlen wir nur:
sie verlangt
raum in uns

Die Liebe
ist eine wilde rose in uns,
unerforschbar vom verstand
und ihm nicht untertan
Aber der verstand
ist ein messer in uns

Der verstand
ist ein messer in uns,
zu schneiden der rose
durch hundert zweige
einen himmel
(1984)

XII »Und lass den Liebeslüsten freien Zügel ...« – Liebesfreuden

Christian Hoffmann von Hoffmanswaldau

Albanie, gebrauche deiner Zeit

Albanie, gebrauche deiner Zeit
Und lass den Liebeslüsten freien Zügel.
Wenn uns der Schnee der Jahre hat beschneit,
So schmeckt kein Kuss, der Liebe wahres Siegel.
Im grünen Mai grünt nur der bunte Klee,
Albanie.

Albanie, der schönen Augen Licht,
Der Leib und was auf den beliebten Wangen,
Ist nicht vor dich, vor uns nur zugericht.
Die Äpfel, so auf deinen Brüsten prangen,
Sind unsre Lust und süße Anmutssee,
Albanie.

Albanie, was quälen wir uns viel
Und züchtigen die Nieren und die Lenden?
Nur frisch gewagt das angenehme Spiel,
Jedwedes Glied ist ja gemacht zum Wenden,
Und wendet doch die Sonn sich in die Höh.
Albanie.

Albanie, soll denn dein warmer Schoß
So öd und wüst und unbebauet liegen?
Im Paradies, da ging man nackt und bloß
Und durfte frei die Liebesäcker pflügen.
Welch Menschensatz macht uns dies neue Weh?
Albanie.

Albanie, wer kann die Süßigkeit
Der zwei vermischten Geister recht entdecken?
Wenn Lieb und Lust ein Essen uns bereit,
Das wiederholt am besten pflegt zu schmecken,
Wünscht nicht dein Herz, dass es dabei vergeh?
Albanie.

Albanie, weil noch der Wollusttau
Die Glieder netzt und das Geblüte springet,
So lass doch zu, dass auf der Venusau
Ein brünstger Geist dir knieend Opfer bringet,
Dass er vor dir in voller Andacht steh.
Albanie.

(1679)

Johann Christian Günther

Eröffne mir das Feld der Lüste

Eröffne mir das Feld der Lüste,
Entschleuß die wollustschwangre Schoß.
Gib mir die schönen Lenden bloß,
Bis sich des Mondes Neid entrüste!
Der Nacht ist unsrer Lust bequem,
Die Sterne schimmern angenehm
Und buhlen uns nur zum Exempel.
Drum gib mir der Verliebten Kost,
Ich schenke dir der Wollust Most
Zum Opfer in der Keuschheit Tempel.

(1717)

Peter Rühmkorf

Das ganz entschiedene Ausweiche-Lied

Feinsliebchen, so verführerisch
Im li-
la
Licht des Januar –
ich teil mit dir den Dosenfisch
und Berenikes Haar[1]!

Besprich mir
meine Läus im Pelz,
ich schenk dir silbern Gin.
Der Herr erhält's,
der Herr vergällt's
und geußt den Rest dahin.

Die diese Stunde mir verkürzt
mit Zunge
Hals
und Bein –
Der goldne Bomber steigt
und stürzt
in Laurins Garten[2] ein.

Die Helden liegen auf dem Sprung,
den Zahn gespitzt –
ICH
pfeif mir
mein Verfeinerung!
Und zeig dir, wo der Himmel sitzt.
(1976)

1 Vgl. S. 22, Anm. 1.
2 Laurin, sagenhafter König, der angeblich in den Südtiroler Alpen in einem Rosengarten lebt.

Robert Gernhardt

Einmal hin und zurück

Kopf, Kopf, Kopf
so hart und rund
war nicht irgendwo ein Mund?
Na, vielleicht auf dem Rückweg

Hals, Hals, Hals
so weiß und weich
wie hieß das darunter gleich?
Schlüsselbein, wenn ich nicht irre

Brust, Brust, Brust
so fest und klein
das kann doch nicht alles sein –
Richtig! Da geht's weiter

Bauch, Bauch, Bauch
so weich und weiß
wärmer, wärmer, wärmer, heiß –
Na, wer sagt's denn

Bein, Bein, Bein
o so viel Bein
wird es je zu Ende sein?
Schau, da hat's ja noch Füße

Fuß, Fuß, Fuß
darfst weiter ruhn
ich hab oben noch zu tun:
Hallo, Haare.
(1990)

Thomas Kling

aber annette

aber deine härchen! dein blonz haar! aller
hand zerstückelt jetzt; deine schultern
machst du breit bei flackerndem atem aber
woanders (leck mich!); dein nacken aber
das stück mit den aufgestellten herrchen
wenn ich anderswo oder wer anders: ging
aber ganz schön schnell, unser ausgleiten
auseinandergleiten in nennenswerte entfernung!
entglitten die nicknames für herzen! und
das fällt ins gewicht; und schon wieder
sind zwei um eine tote sprache reicher
(verlernt) ein kaputtes pidgin mehr
(1986)

Materialien

I Zugänge

1 „Liebe, was ist das eigentlich?“

Karikatur von Friedrich K. Waechter

Karikatur von Doris Lerche

2 Sprüche über die Liebe

Die Engel, die nennen es Himmelsfreud,
die Teufel, die nennen es Höllenleid,
die Menschen, die nennen es – Liebe.
Heinrich Heine

Liebe hat viele Gesichter.
Napoleon Bonaparte

Die Liebe, wenn sie neu, braust wie ein junger Wein:
Je mehr sie alt und klar, je stiller wird sie sein.
Angelus Silesius

Der Hass ist parteiisch, aber die Liebe ist es noch mehr.
Johann Wolfgang von Goethe

Lieb' ist Leides Anfang.
Gottfried Graf von Oettingen

Die Liebe macht blind für den geliebten Gegenstand.
Plutarch

Dem schlechtesten Ding an Art und Gestalt /
Leiht Liebe dennoch Ansehn und Gehalt.
William Shakespeare, Ein Sommernachtstraum, I, 1 (Helena)

Liebe ist das einzige, das ewige Fundament der Bildung unsrer Natur zur Menschlichkeit.
Heinrich Pestalozzi, Reden

Wie viel Muscheln am Strand, so viel Schmerzen bietet die Liebe.
(Litore quot conchae, tot sunt in amore dolores!)
Ovid, Liebeskunst, II, 519

3 Das unbekannte Wesen

René Magritte (1898–1967): Die Liebenden, 1928, Öl auf Leinwand

4 „Love me tender ...“

4.1 Elvis Presley/Vera Matson: Love me tender

Love me tender,
Love me sweet,
Never let me go.
You have made my life complete,
And I love you so.

Love me tender,
Love me true,
All my dreams fulfilled.
For my darlin' I love you,
And I always will.

Love me tender,
Love me long,
Take me to your heart.
For it's there that I belong,
And we'll never part.

Love me tender,
Love me dear,
Tell me you are mine.
I'll be yours through all the years,
Till the end of time.

(When at last my dreams come true
Darling this I know
Happiness will follow you
Everywhere you go.)
(1956)

Text: Elvis Presley / Vera Matson
© Elvis Presley Music / Cherry Lane Music Publishing
Cherry Lane Germany GmbH

4.2 John Lennon/Paul McCartney: Yesterday

Yesterday, all my troubles seemed so far away
Now it looks as though they're here to stay
Oh, I believe in yesterday.

Suddenly, I'm not half the man I used to be,
There's a shadow hanging over me.
Oh, yesterday came suddenly.

Why she had to go I don't know she wouldn't say.
I said something wrong, now I long for yesterday.

Yesterday, love was such an easy game to play.
Now I need a place to hide away.
Oh, I believe in yesterday.

Mm mm mm mm mm.

(1965)

Text: John Lennon / Paul McCartney
© Northern Songs Ltd. Maclen Joint Ltd.
Sony / ATV Music Publishing (Germany GmbH), Berlin

II „Es ist alles eitel" – Das Vanitas-Motiv

1 Vanitas-Motiv

Vanitas-Stillleben, Französische Schule, 17. Jh.

2 Katalogtext zum Stillleben

Ans Ende dieser Reihe emblematisch-zeichenhafter Vanitas-Stillleben stellen wir ein außerordentliches Gemälde von einem der so genannten *Peintres de la réalité*, die die Lehren Caravaggios und der Caravaggisten in ein französisches Idiom umsetzten.
Das klar gerichtete, genau und streng modellierende Licht vereinzelt jeden Gegenstand: die halbierte Apfelsine des Sündenfalls, die Bücher, der Degen, die Laute als Zeichen der vita contemplativa, der vita activa und der voluptaria (= Begierde). Links das Spielbrett des Müßiggängers und daneben der Beutel käuflicher Liebe. Spiegel, Laute, Blumen, Orange und Beutel weisen zugleich auf die fünf Sinne.

3 Der Prediger Salomo

1 Dies sind die Reden des Predigers, des Sohnes Davids, des Königs zu Jerusalem.
2 Es ist alles ganz eitel, sprach der Prediger, es ist alles ganz eitel.
3 Was hat der Mensch für Gewinn von aller seiner Mühe, die er hat unter der Sonne?
4 Ein Geschlecht vergeht, das andere kommt; die Erde aber bleibt ewiglich.
5 Die Sonne geht auf und geht unter und läuft an ihren Ort, dass sie wieder daselbst aufgehe.
6 Der Wind geht gen Mittag und kommt herum zur Mitternacht und wieder herum an den Ort, da er anfing.

4 Aus einem etymologischen Wörterbuch

eitel Adj. ‚von seinen (vermeintlichen) Vorzügen überzeugt, gefallsüchtig, rein, nichtig, leer‘, ahd. *ī-tal* (9. Jh.), mhd. *ī-tel*, asächs. *idal*, mnd. mnl. *ī-del*, nl. *ī-jdel*, aengl. *idel*. Nur westgerm. *(*ī-dla-)*; Herkunft ungeklärt, außergerm. Verwandtschaft nicht glaubhaft nachweisbar. Die Ausgangsbedeutung ‚leer‘ findet sich ahd. bereits in den Varianten ‚öde, nichtig, vergeblich‘. Die mhd. Verwendung ‚bloß, nichts als‘ begegnet noch in *eitel Gold*, *eitel Freude* (vgl. *Eitel Friedrich*, eigentl. ‚nur Friedrich‘). Aus dem bibelsprachlichen Gebrauch alles ist eitel (vgl. *(omnia) est vanitas* Vulgata) entwickelt sich die nhd. Hauptbedeutung ‚auf Wirkung bedacht, selbstgefällig‘. – Eitelkeit. ‚Selbstgefälligkeit, Gefallsucht, Nichtigkeit‘, mhd. *ī-telkeit* ‚Leerheit, Nichtigkeit‘. vereiteln Vb. *‚verhindern*, zum Scheitern bringen‘ (18. Jh.), mhd. *verı-telen* ‚kraftlos werden‘, gebildet zu *eitel*, mhd. *itel* ‚leer, nichtig‘.

5 Horaz[1]: Ode XI (Carpe diem)

Tu ne quaesieris, scire nefas, quem mihi, quem tibi
finem di dederint, Leuconoe, nec Babylonios
temptaris numeros. ut melius, quidquid erit, pati.
seu pluris hiemes seu tribuit Iuppiter ultimam,
quae nunc oppositis debilitat pumicibus mare
Tyrrhenum: sapias, vina liques, et spatio brevi
spem longam reseces. dum loquimur, fugerit invida
aetas: carpe diem quam minimum credula postero.

Du frage nicht – zu wissen wäre Frevel –, was mir, was dir
als Ziel die Götter gesetzt, Leukonoe, auch nicht babylonische Stern-
zeichen prüfe! Wie viel besser: Was auch geschieht, zu tragen.
Ob viele Winter noch, ob gewährt hat Jupiter schon den letzten,
der jetzt an widerstrebenden Klippen bricht das Meer
Tyrrhenias – weise sei, kläre den Wein, auf kurze Dauer
langwährende Hoffnung bemiss! Da wir noch sprechen, ist schon entflohen die neidische
Zeit: greif diesen Tag, nimmer traue dem nächsten!

1 Horaz (65–8 v. Chr.): einer der bedeutendsten Dichter der römischen Antike.

6 Seneca[1]: Von der Kürze des Lebens

Die Lebensjahre werden nicht berechnet. Ungewiss ist es, wo dich der Tod erwartet, deshalb erwarte du ihn überall. Bereite dich in Gedanken vor auf den Tod: Wer das sagt, fordert dazu auf, sich auf die Freiheit vorzubereiten. Wer zu sterben gelernt hat, hat verlernt, ein Sklave zu sein, er steht über, ja außerhalb jeglicher Macht.

Lang ist das Leben, wenn es ein erfülltes Leben ist. Erfüllt ist es aber, wenn der Geist seine gute Veranlagung ausgebildet hat und Herr seiner selbst geworden ist.

1 Seneca (4 v. Chr. – 65 n. Chr.): römischer Publizist, Philosoph und Dichter. Suchte die stoische Ethik für sich fruchtbar zu machen.

III Petrarkismus – eine europäische Mode

1 Ulla Hahn: An Madonna Laura anno 2004

Wäre es deine tastende Hand
dein süßes Gesicht nur gewesen – Zeit
hätte längst beides verzehrt deinen Atem
verweht wie ein Blatt das sich regt

auf dem Herzen – wo er sein Paradies
gewiss hätte gefunden –
all die Rundungen deiner Haut warm
von der Liebe bewegtem Blut

Wäre es Liebe gewesen sie wäre mit dir
zu Staub zerfallen – so aber gefällt
sein Verzehren nach dir noch immer
– Worte dauerhafter als Erz.

(2004)

Petrarcas Laura, Gemälde von Giorgione (1477–1510). Das Liebesthema (Laura) verbindet sich mit dem des Dichterlorbeers (lauro).

2 Lexikonartikel Petrarca

Petrarca, latinisierende Umbildung des Vaternamens *Petracco*, Francesco, ital. Dichter, Humanist, Philologe, *Arezzo 20. 7. 1304, † Arquà (bei Padua) 18. 7. 1374. P. studierte seit 1317 die Rechte in Montpellier, seit 1320 in Bologna. 1326 trat er in Avignon in den geistl. Stand, wurde bald als Dichter bekannt (Begegnung mit →Laura, 1327) und stand 1330–47 im Dienst des Kardinals Colonna. 1333 reiste er nach Paris, nach den Niederlanden und an den Rhein, wo er in Klosterbibliotheken nach antiken Manuskripten suchte. 1337–49 lebte er meist auf seinem Landgut in Vaucluse (Valchiusa) bei Avignon. 1353 verließ er Avignon. Er lebte 8 Jahre in Mailand bei den Visconti, als deren Gesandter er 1356 in Prag bei Kaiser Karl IV. war. 1362–68 hielt er sich meist in Venedig, dann in Padua und Arquà auf.
P. ist der erste repräsentative ital. Humanist. Die klassisch-antiken Autoren waren für ihn nicht nur literar. Muster, sondern eine das menschl. Wesen selbst verändernde Lebensmacht. - Ziel seiner ital. Dichtungen ist es, die menschl. Innerlichkeit zu erkennen und das Bild des eigenen Ruhmes zu genießen. Die Gedichte wurden von ihm selbst nach 1366 u. d. T. „Rerum vulgarium fragmenta" vereinigt und werden meist als „Canzoniere" („Le rime") zitiert. Eine differenzierte Kunst psycholog. Analyse lässt in den Gedichten auf Leben und Tod der „Madonna Laura" die selbstständige Bedeutung der leidenden Seele hervortreten, die die stete Rückwendung auf sich selbst auskostet, ohne der Lenkung durch die Vernunft oder der Erlösung zu bedürfen. Die Gestaltung der sich reflektierenden Seele beeinflusste stark die europ. Lyrik der folgenden Jahrhunderte. (→Petrarkismus).

3 Lexikonartikel Petrarkismus

P. bezeichnet eine literar. Konvention, die direkt oder indirekt auf Petrarcas volkssprachl. Lyrik in seinem *Rerum vulgarium fragmenta* genannten *Canzoniere* (entstanden zwischen 1336 u. 1374) zurückgeht u. durch einen im einzelnen variablen Komplex von Themen, Motiven, Bildern u. sprachlich-rhetorischen Techniken charakterisiert ist, der auf Jahrhunderte hinaus die europ. Liebesdichtung prägte. (...)
Der Grundton der Liebeslyrik des Canzoniere ist der der Klage, der Resignation u. Melancholie, Folge der Hoffnungslosigkeit der Liebe u. einer zutiefst gespaltenen inneren Haltung des Liebenden zwischen sinnl. Begehren u. distanzierter Verehrung, Verfallenheit u. Sehnsucht nach Befreiung, Leidenschaft u. Sündenbewusstsein. Die zur antithetischen Darstellungsweise herausfordernden Gegensätze werden letztlich in der Überwindung der irdischen Liebe u. der Verklärung Lauras nach ihrem Tod aufgehoben. Der Liebesklage steht der Preis der hoffnungslos geliebten Frau gegenüber, ihrer unvergleichlichen Schönheit(en) u. Tugend(en).
In der Rezeption ging das Individuelle der Liebesdichtung Petrarcas verloren: die psycholog. Schattierungen, der beziehungsreiche (geistes-) geschichtl. Hintergrund, die seel. Gespaltenheit, das prekäre u. immer gefährdete Gleichgewicht der Gegensätze, die Versöhnung u. Harmonisierung der Widersprüche im Gedicht. Erhalten blieben „die Grundzüge der erotischen Situation und das Material der sprachlichen Gestaltung“ (Pyritz), wobei die Nachfahren gerade an den Gedichten anknüpften, in denen Petrarcas Stil durch eine Häufung von Antithesen u. Oxymora ans Manieristische grenzt. Dazu gehören die Sonette *S'amor non* è u. (...) weiterhin nachgeahmte u. abgewandelte Darstellungen des Paradoxons der Liebe („O viva morte, o dilettoso male“) u. der zerissenen Natur des Liebenden. Einen weiteren Anknüpfungspunkt für die Petrarkisten bildete die Bildersprache Petrarcas mit ihren Antithesen von Hitze u. Kälte, Feuer u. Eis, Krieg u. Frieden oder Leben u. Tod. Zugleich erhält die Frau, ausgehend von Petrarcas Schönheits- u. Tugendpreis, fest umrissene Züge. Ihre Schönheiten (Goldhaar, Korallenlippen, die Hand von Elfenbein usw.) werden katalogisiert u. in ihrer Kostbarkeit u. Unvergleichlichkeit durch entsprechende (Preziosen-)Metaphorik u. mytholog. Anspielungen hervorgehoben u. zusammen oder einzeln zum Gegenstand von Gedichten. So bildet sich im Verlauf der Rezeptionsgeschichte ein Komplex von stereotypen Situationen, Gebärden, Formen u. Metaphern heraus, den Pyritz

als „das zweite erotische System von internationaler Geltung nach dem Minnesang" bezeichnet hat. (...)
In Deutschland setzte die petrarkistische Liebesdichtung – in vollem Umfang erst mit der von Martin Opitz u. anderen vorangetriebenen Literaturreform ein, meist aus zweiter Hand rezipiert u. zu einem Zeitpunkt, als der P. in den anderen Ländern seine Bedeutung schon verloren hatte. (...)
Mit dem Erfolg der Opitzschen Reformbewegung wurde auch der P. Gemeingut der deutschsprachigen Liebesdichtung des 17. Jh.
Als bedeutendster dt. Petrarkist gilt Paul Fleming, der in seinen „Teütschen Poemata" (Lübeck o. J. [1646]; postum) das petrarkistische Repertoire in seiner ganzen Reichweite erfasst u. variiert (aber keineswegs nur Petrarkist ist): Die Texte – Sonette, aber auch liedhafte Oden – handeln von Preis u. Schönheit der Geliebten, den ihr verbundenen Objekten u. Örtlichkeiten, beschäftigen sich mit Wesen u. Wirkung der Liebe u. benutzen zu diesem Zweck das ganze antithet. u. hyperbol. Arsenal der überlieferten Liebessprache, nicht immer im würdevollen Ernst des neuplaton. „bembismo", gelegentlich durchaus mit parodistischer Note.
Der P. bleibt nicht auf die weltl. Liebesdichtung beschränkt, sondern die petrarkistische Liebessprache dringt auch in die religiöse Dichtung ein (geistlicher P.). Beispiele bieten etwa Friedrich Spee, der die Jesusminne mit den typischen Antithesen u. Oxymora der petrarkistischen bittersüßen Liebe umschreibt, oder Angelus Silesius (= Johannes Scheffler) mit seiner Übertragung der petrarkistischen Schönheitsbeschreibung auf Jesus bzw. Maria.
In der zweiten Hälfte des 17. Jh. verliert der P. seine Dominanz auch in der dt. Literatur, bleibt jedoch mit seinen Formeln u. Motiven neben anderen Genres der erot. Dichtung jederzeit verfügbar, auch wenn die petrarkistischen Elemente – wie etwa bei Hoffmannswaldau – dazu dienen, das genaue Gegenteil petrarkistisch-platonischer Liebe zu beschreiben oder – wie bei Johann Christian Günther – in ein Spannungsverhältnis zur aufbrechenden Subjektivität geraten. (...)

IV Gespräch über Poesie: Romantische Poetik

1 Lienhard Wawrzyn: Sind Sie romantisch? – Zur Sozialgeschichte eines Gefühls

„... mal so richtig abfahren": Romantik als Verhaltensweise

„Berlin: Akademisch ‚angehauchte' Frau (35/1,75/62) mit Sommersprossen, Lachfalten und etwas ‚Vergangenheit', im Beruf eigenständig, mit Interesse für Kunst, Musik, Literatur, sucht liebevollen, geistig lebendigen (Ehe-)Partner, – nicht ohne Sinn für Romantik. ZK 6104 Die Zeit."

Diese Heiratsanzeige ist ein beliebtes Beispiel dafür, wie unserer Tage das Wort „Romantik" in umgangssprachlichen Bedeutungen auftaucht. Es bezeichnet eine Gefühlshaltung, die auf einen persönlichen und intimen Bereich bezogen ist. Mit dieser Alltagsbedeutung unterscheidet sich die Romantik von anderen Epochenstilen, wie z.B. der Klassik, die in einem mehr vermittelten Verhältnis zum täglichen Leben derjenigen standen, die mit dieser Kunst umgingen.

„Romantik", das war nie nur jene Kunstrichtung, die in Deutschland zur Zeit um 1800 ihre Konjunktur hatte und bei der wir an Poeten denken wie Novalis, an Maler wie Caspar David Friedrich und an Theoretiker wie die Gebrüder Grimm. Die Romantik hat sich des *Lebens* der Bürger bemächtigt. Die Volkstümlichkeit der romantischen Kunst beruhte darauf, dass hier ein Stück bürgerliches *Lebensgefühl* ausgedrückt wurde. Die Bürger suchten Formen, um dieses Gefühl auszuleben. Die Kunst schien dafür Hilfestellungen anzubieten. Noch heute verbinden wir mit „Romantik" nicht nur *Kunst*, sondern auch *Verhaltensweisen*, die mit Kunst wenig zu tun haben, und eine Umgebung, die solche Verhaltensweisen begünstigt.

(1978)

2 Zur Wortgeschichte des Begriffes „Romantik"

Die Etymologie des Adjektivs „romantisch" ist weitverzweigt. Auf der frühesten Stufe des altfranzösischen Wurzelwortes „romanz" bezeichnete es die romanische Volkssprache im Gegensatz zum Latein der Gelehrten, dann heftete es sich an provenzalische Vers- und Prosaerzählungen, um sich dann auf alles, was in den Geschichten fürs Volk an hohen Gefühlen, wilden Abenteuern und fantastischen Einfällen vorkam, zu beziehen. Auch das spätere Wort „Roman" ging aus diesem Umkreis hervor, um 1650 bedeutete das englische Wort „romantick" so viel wie „in einem Roman". Das Adjektiv deckte somit eine große Bandbreite vom Unheimlich-Okkulten bis zur feinsten Seelenregung ab. Im frühen 18. Jahrhundert stieß dazu aus den Reiseberichten die Qualität eines Gegensatzes zu einer überzivilisierten Welt und ständisch eingeengten Wirklichkeit: Romantisch war zum Beispiel das ferne exotische Inselparadies oder die Alpenlandschaft mit ihren scheinbar so freien Bewohnern. Das Wort transportierte den utopischen Gegenentwurf eines reicheren und freieren Lebens. In der oben genannten Vielfalt und mit der Ernsthaftigkeit seiner kulturkritischen Dimension wurde es dann kurz vor 1800 in Deutschland zur Bezeichnung einer neuen Kunst hergenommen. Heute ist der Sinnbereich des Adjektivs „romantisch" mit Synonymen wie „märchenhaft", „wunderbar", „unwirklich" und „geisterhaft" zu umschreiben, die kulturkritische Qualität ist ihm abhanden gekommen.

Die Hauptwörter „Romantik" und „Romantiker" sind deutsche Neubildungen aus der Zeit um 1800, von Anfang an in ihrem Gehalt schwankend, ihr Schöpfer ist Novalis, er brauchte sie zur Bezeichnung für eine bestimmte neue Romankunst („Heinrich von Ofterdingen", 1802). Bald darauf wurden die Substantive zu Kampfbegriffen zwischen anerkannten und neuen Gruppierungen von Autoren oder wurden seitens der etablierten Weimarer Kunstszene zur Kennzeichnung einzelner missliebiger Tendenzen benutzt. In diesem polemischen Umfeld wurden die Wörter zu festen Begriffen für die heute gängige Gruppen- und Epochenbezeichnung.

(2003)

3 Friedrich Schlegel: 116. Athenäum-Fragment

Die romantische Poesie ist eine progressive Universalpoesie. Ihre Bestimmung ist nicht bloß, alle getrennten Gattungen der Poesie wieder zu vereinigen und die Poesie mit der Philosophie und Rhetorik in Berührung zu setzen. Sie will und soll auch Poesie und Prosa, Genialität und Kritik, Kunstpoesie und Naturpoesie bald mischen, bald verschmelzen, die Poesie lebendig und gesellig und das Leben und die Gesellschaft poetisch machen, den Witz poetisieren und die Formen der Kunst mit gediegnem Bildungsstoff jeder Art anfüllen und sättigen und durch die Schwingungen des Humors beseelen. Sie umfasst alles, was nur poetisch ist, vom größten wieder mehrere Systeme in sich enthaltenen Systeme der Kunst bis zu dem Seufzer, dem Kuss, den das dichtende Kind aushaucht in kunstlosen Gesang. Sie kann sich so in das Dargestellte verlieren, dass man glauben möchte, poetische Individuen jeder Art zu charakterisieren, sei ihr Ein und Alles; und doch gibt es noch keine Form, die so dazu gemacht wäre, den Geist des Autors vollständig auszudrücken: sodass manche Künstler, die nur auch einen Roman schreiben wollten, von ungefähr sich selbst dargestellt haben. Nur sie kann gleich dem Epos ein Spiegel der ganzen umgebenden Welt, ein Bild des Zeitalters werden. Und doch kann auch sie am meisten zwischen dem Dargestellten und dem Darstellenden, frei von allem realen und idealen Interesse, auf den Flügeln der poetischen Reflexion in der Mitte schweben, diese Reflexion immer wieder potenzieren und wie in einer endlosen Reihe von Spiegeln vervielfachen. Sie ist der höchsten und der allseitigsten Bildung fähig; nicht bloß von innen heraus, sondern auch von außen hinein; indem sie jedem, was ein Ganzes in ihren Produkten sein soll, alle Teile ähnlich organisiert, wodurch ihr die Aussicht auf eine grenzenlos wachsende Klassizität eröffnet wird. Die romantische Poesie ist unter den Künsten, was der Witz der Philosophie, und die Gesellschaft, Umgang, Freundschaft und Liebe im Leben ist. Andre Dichtarten sind fertig und können nun vollständig zergliedert werden. Die romantische Dichtart ist noch im Werden; ja das ist ihr eigentliches Wesen, dass sie ewig nur werden, nie vollendet sein kann. Sie kann durch keine Theorie erschöpft werden, und nur eine divinatorische[1] Kritik dürfte es wagen, ihr Ideal charakterisieren zu wollen. Sie allein ist unendlich, wie sie allein frei ist und das als ihr erstes Gesetz anerkennt, dass die Willkür des Dichters kein Gesetz über

1 Divinatorisch: Vorausahnend, seherisch.

sich leide. Die romantische Dichtart ist die einzige, die mehr als Art und gleichsam die Dichtkunst selbst ist: denn in einem gewissen Sinn ist oder soll alle Poesie romantisch sein.

(1798–1800)

4 Novalis: Die Welt muss romantisiert werden

Novalis' Forderung, die Welt zu romantisieren, ist ebenfalls wie bei Friedrich Schlegel als Verwandlung des ganzen Welt- und Lebensgefühls zu verstehen, als Durchdringung und Vermischung sämtlicher Kunstformen und Wissenschaften. Dabei wird „der ursprüngliche Sinn" kraft der Reflexion des Ich erreicht.

Die Welt muss romantisiert werden. So findet man den ursprünglichen Sinn wieder. Romantisieren ist nichts als eine qualitative Potenzierung. Das niedre Selbst wird mit einem bessern Selbst in dieser Operation identifiziert. So wie wir selbst eine solche qualitative Potenzenreihe sind. Diese Operation ist noch ganz unbekannt. Indem ich dem Gemeinen einen hohen Sinn, dem Gewöhnlichen ein geheimnisvolles Ansehn, dem Bekannten die Würde des Unbekannten, dem Endlichen einen unendlichen Schein gebe, so romantisiere ich es – Umgekehrt ist die Operation für das Höhere, Unbekannte, Mystische, Unendliche – dies wird durch diese Verknüpfung logarithmisiert – es bekommt einen geläufigen Ausdruck. Romantische Philosophie. Lingua romana. Wechselerhöhung und Erniedrigung.

(1798)

5 Heinrich Heine: „Der alte Spuk wirkt nicht mehr ..."

Vor zwanzig Jahren, ich war ein Knabe, ja damals, mit welcher überströmenden Begeisterung hätte ich den vortrefflichen Uhland zu feiern vermocht! Damals empfand ich seine Vortrefflichkeit vielleicht besser als jetzt; er stand mir näher an Empfindung und Denkvermögen. Aber so vieles hat sich seitdem ereignet! Was mir so herrlich dünkte, jenes chevalereske[1] und katholische Wesen, jene Ritter, die im adligen Turnei sich hauen und stechen, jene sanften Knappen und sittigen Edelfrauen, jene Nordlandshelden und Minnesänger, jene Mönche und Nonnen, jene Vätergrüfte mit Ahnungsschauern, jene blassen Entsagungsgefühle mit Glockengeläute und das ewige Wehmutgewimmer, wie bitter ward es mir seitdem verleidet! Ja, einst war es anders. Wie oft, auf den Trümmern des alten Schlosses zu Düsseldorf am Rhein, saß ich und deklamierte vor mich hin das schönste aller Uhland'schen Lieder, „Der Schäfer". (...)
Dasselbe Buch habe ich wieder in Händen, aber zwanzig Jahre sind seitdem verflossen, ich habe unterdessen viel gehört und gesehen, gar viel, ich glaube nicht mehr an Menschen ohne Kopf, und der alte Spuk wirkt nicht mehr auf mein Gemüt. Das Haus, worin ich eben sitze und lese, liegt auf dem Boulevard Montmartre; und dort branden die wildesten Wogen des Tages, dort kreischen die lautesten Stimmen der modernen Zeit; das lacht, das grollt, das trommelt; im Sturmschritt schreitet vorüber die Nationalgarde; und jeder spricht französisch. – Ist das nun der Ort, wo man Uhlands Gedichte lesen kann? Dreimal habe ich den Schluss des oben erwähnten Gedichtes mir wieder vordeklamiert, aber ich empfinde nicht mehr das unnennbare Weh, das mich einst ergriff, wenn das Königstöchterlein stirbt und der schöne Schäfer so klagevoll zu ihr hinaufrief: „Willkommen, Königstöchterlein!"

> „Ein Geisterlaut herunterscholl,
> Ade! du Schäfer mein!"

Vielleicht auch bin ich für solche Gedichte etwas kühl geworden, seitdem ich die Erfahrung gemacht, dass es eine weit schmerzlichere Liebe gibt als die, welche den Besitz des geliebten Gegenstandes niemals erlangt oder ihn durch den Tod verliert. In der Tat, schmerzlicher ist es, wenn der geliebte Gegenstand Tag und Nacht in unseren Armen liegt, aber durch

---

1 Chevaleresk: Ritterlich.

beständigen Widerspruch und blödsinnige Kapricen[2] uns Tag und Nacht verleidet, dergestalt, dass wir das, was unser Herz am meisten liebt, von unserem Herzen fortstoßen und wir selber das verflucht geliebte Weib nach dem Postwagen bringen und fortschicken müssen:

„Ade, du Königstöchterlein!"

Ja, schmerzlicher als der Verlust durch den Tod ist der Verlust durch das Leben, z. B. wenn die Geliebte, aus wahnsinniger Leichtfertigkeit, sich von uns abwendet, wenn sie durchaus auf einen Ball gehen will, wohin kein ordentlicher Mensch sie begleiten kann, und wenn sie dann, ganz aberwitzig bunt geputzt und trotzig frisiert, dem ersten besten Lump den Arm reicht und uns den Rücken kehrt …

(1835)

2 Kapricen: Launen.

V Männerbilder – Frauenbilder

1 Der männliche Blick

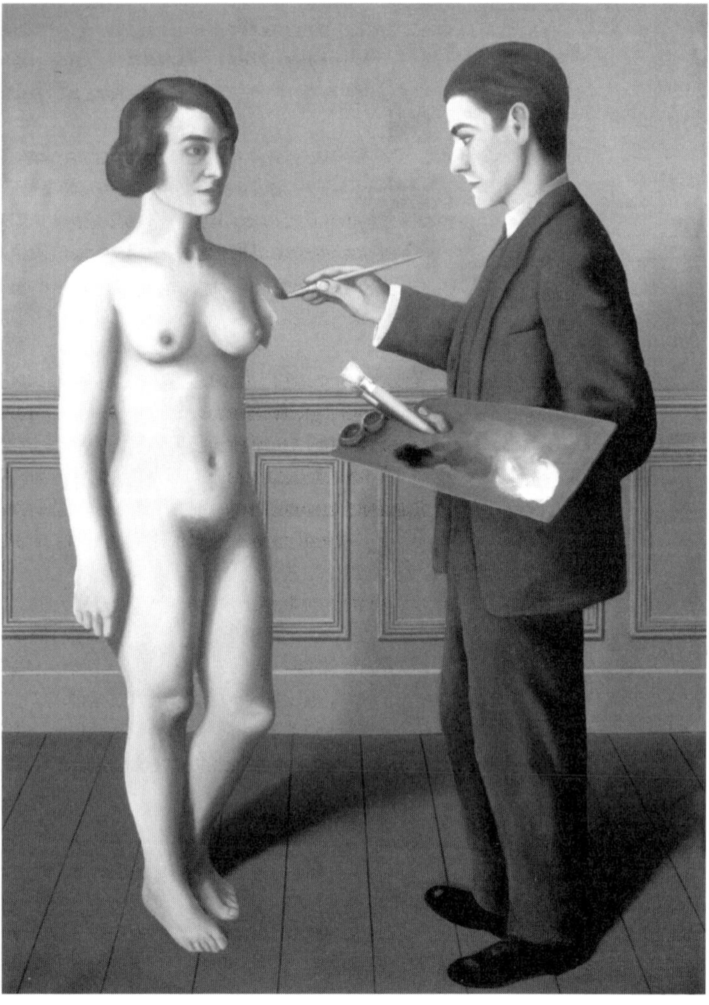

René Magritte (1898–1967): La tentative de l'Impossible, 1928, Öl auf Leinwand

Lucas Cranach d. Ä. (1472–1553): Venus, 1532, Öl auf Leinwand

2 Gegenpole

Leonardo da Vinci (1452–1519): Madonna in der Felsengrotte, 1483–1486, Öl auf Leinwand

Ferdinand Marternsteig: Loreley, 1852/1853, Öl auf Leinwand

3 Joseph von Eichendorff: Ahnung und Gegenwart

In Eichendorffs Roman „Ahnung und Gegenwart" berichtet der Titelheld von einem lebenden Bild, das während einer Ballveranstaltung aufgeführt wird.

Bald darauf wurde zu seinem Erstaunen auch der einzige Kronleuchter hinaufgezogen. Eine undurchdringliche Finsternis erfüllte nun plötzlich den Raum und er hörte ein quiekendes, leichtfertiges Gelächter unter den jungen Frauenzimmern über den ganzen Saal. Wie sehr aber fühlte er sich überrascht, als auf einmal ein Vorhang im Vordergrund niedersank und eine unerwartete Erscheinung von der seltsamsten Erfindung sich den Augen darbot.

Man sah nämlich sehr überraschend ins Freie, überschaute statt eines Theaters die große, wunderbare Bühne der Nacht selber, die vom Monde beleuchtet draußen ruhte. Schräge über die Gegend hin streckte sich ein ungeheurer Riesenschatten weit hinaus, auf dessen Rücken eine hohe, weibliche Gestalt erhoben stand. Ihr langes weites Gewand war durchaus blendendweiß, die eine Hand hatte sie ans Herz gelegt, mit der andern hielt sie ein Kreuz zum Himmel empor. Das Gewand schien ganz und gar von Licht durchdrungen und strömte von allen Seiten einen milden Glanz aus, der eine himmlische Glorie um die ganze Gestalt bildete und sich ins Firmament zu verlieren schien, wo oben an seinem Ausgange einzelne wirkliche Sterne hindurchschimmerten. Rings unter dieser Gestalt war ein dunkler Kreis hoher, traumhafter, fantastisch ineinander verschlungener Pflanzen, unter denen unkenntlich verworrene Gestalten zerstreut lagen und schliefen, als wäre ihr wunderbarer Traum über ihnen abgebildet. Nur hin und her endigten sich die höchsten dieser Pflanzengewinde in einzelne Lilien und Rosen, die von der Glorie, der sie sich zuwandten, berührt und verklärt wurden und in deren Kelchen goldene Kanarienvögel saßen und in dem Glanze mit den Flügeln schlugen. Es war ein Ritter, der sich, der glänzenden Erscheinung zugekehrt, auf beide Knie aufgerichtet hatte und auf ein Schwert stützte, und dessen goldene Rüstung von der Glorie hell beleuchtet wurde. Von der andern Seite stand eine schöne, weibliche Gestalt in griechischer Kleidung, wie die Alten ihre Göttinnen abbildeten. Sie war mit bunten, vollen Blumengewinden umhangen und hielt mit beiden aufgehobenen Armen eine Zimbel, wie zum Tanze, hoch in die Höh, sodass die ganze regelmäßige Fülle und Pracht der Glieder sichtbar wurde. Das Gesicht erschrocken von der Glorie abgewendet, war sie nur zur Hälfte erleuchtet; aber es war die deutlichste und vollendetste Figur. Es schien, als wäre die irdische, lebenslustige Schönheit von dem Glanze jener himmlischen berührt, in ihrer bacchantischen Stellung plötzlich so erstarrt. Je länger man das Ganze betrachtete, je mehr und mehr wurde das Zauberbild von allen Seiten lebendig. Die Glorie der mittelsten Figur spielte in den Pflanzengewinden und den zitternden Blätterspitzen der nächststehenden Bäume. Im Hintergrunde sah man noch einige Streifen des Abendrots am Himmel stehen, fernes, dunkelblaues Gebirg, und hin und wieder den Strom aus der weiten Tiefe wie Silber aufblickend. Die ganze Gegend schien in erwartungsvoller Stille zu feiern, wie vor einem großen Morgen, der das geheimnisvoll gebundene Leben in herrlicher Pracht lösen soll. (...)

(1812)

4 Friedrich de la Motte Fouqué: Undine

Friedrich de la Motte Fouqués überaus erfolgreiche Erzählung „Undine" greift ein in vielen Sagen und Märchen verbreitetes Motiv auf – ein weibliches Wesen aus einer Geisterwelt, hier dem Wasserreich, wird einem Menschenmann zum Verhängnis.

Die Männer hoben mit Anstrengung an dem großen Stein; bisweilen seufzte wohl einer dabei, sich erinnernd, dass man hier der geliebten vorigen Herrin Werk zerstöre. Aber die Arbeit ging übrigens viel leichter, als man gemeint hatte. Es war, als hülfe eine Kraft aus dem Brunnen heraus den Stein emporbringen. – Es ist ja, sagten die Arbeiter erstaunt zueinander, als wäre das Wasser drinnen zum Springborne geworden. – Und mehr und mehr hob sich der Stein, und fast ohne Beistand der Werkleute rollte er langsam mit dumpfem Schallen auf das Pflaster hin. Aber aus des Brunnens Öffnung stieg es gleich einer weißen Wassersäule feierlich herauf; sie dachten erst, es würde mit dem Springbrunnen Ernst, bis sie gewahrten, dass die aufsteigende Gestalt ein bleiches, weißverschleiertes Weibsbild war. Das weinte bitterlich, das hob die Hände ängstlich ringend über das Haupt und schritt mit langsam-ernstem Gang nach dem Schlossgebäu. Auseinander stob das Burggesind' vom Brunnen fort; bleich stand, entsetzensstarr, mit ihren Dienerinnen die Braut am Fenster. Als die Gestalt nun dicht unter deren Kammern hinschritt, schaute sie winselnd nach ihr empor, und Bertalda meinte unter dem Schleier Undinens bleiche Gesichtszüge zu erkennen. Vorüber aber zog die Jammernde schwer, gezwungen, zögernd, wie zum Hochgericht. Bertalda schrie, man solle den Ritter rufen; es wagte sich keiner der Zofen von der Stelle, und auch die Braut selber verstummte wieder, wie vor ihrem eigenen Laut erbebend.

Während jene noch immer bang am Fenster standen, wie Bildsäulen regungslos, war die seltsame Wanderin in die Burg gelangt, die wohlbekannten Treppen hinauf, die wohlbekannten Hallen durch, immer in ihren Tränen still. Ach, wie so anders war sie einstens hier umgewandelt! –

Der Ritter aber hatte seine Diener entlassen. Halb ausgekleidet, im betrübten Sinnen stand er vor einem großen Spiegel; die Kerze brannte dunkel neben ihm. Da klopfte es an die Tür mit leisem, leisem Finger. Undine hatte sonst wohl so geklopft, wenn sie ihn freundlich necken wollte. – Es ist alles nur Fantasterei! sagte er zu sich selbst. Ich muss ins Hochzeitsbett. – Das musst du, aber in ein kaltes! hörte er eine weinende Stimme draußen vor dem Gemache sagen, und dann sah er im Spiegel, wie die Türe aufging, langsam, langsam, und wie die weiße Wanderin herein trat und sittig das Schloss wieder hinter sich zudrückte. – Sie haben den Brunnen aufgemacht, sagte sie leise, und nun bin ich hier, und nun musst du sterben. – Er fühlte in seinem stockenden Herzen, dass es auch gar nicht anders sein könne, deckte aber die Hände über die Augen und sagte: Mache mich nicht in meiner Todesstunde durch Schrecken toll. Wenn du ein entsetzliches Antlitz hinter dem Schleier trägst, so lüfte ihn nicht und richte mich, ohne dass ich dich schaue. – Ach, entgegnete die Wanderin, willst du mich denn nicht noch ein einziges Mal sehn? Ich bin schön, wie als du auf der Seespitze um mich warbst. – O wenn das wäre, seufzte Huldbrand, und wenn ich sterben dürfte an einem Kusse von dir! – Recht gern, mein Liebling, sagte sie. Und ihren Schleier schlug sie zurück, und himmlisch schön lächelte ihr holdes Antlitz daraus hervor. Bebend vor Liebe und Todesnähe neigte sich der Ritter ihr entgegen; sie küsste ihn mit einem himmlischen Kusse, aber sie ließ ihn nicht mehr los; sie drückte ihn inniger an sich und weinte, als wolle sie ihre Seele fortweinen. Die Tränen drangen in des Ritters Augen und wogten in lieblichem Wehe durch seine Brust, bis ihm endlich der Atem entging, und er aus den schönen Armen als ein Leichnam sanft auf die Kissen des Ruhebettes zurücksank.

Ich habe ihn totgeweint, sagte sie zu einigen Damen, die ihr im Vorzimmer begegneten, und schritt durch die Mitte der Erschreckten langsam nach dem Brunnen hinaus.

(1811)

5 Ingeborg Bachmann: Undine geht

Ihr Menschen! Ihr Ungeheuer!

Ihr Ungeheuer mit Namen Hans! Mit diesem Namen, den ich nie vergessen kann.

Immer wenn ich durch die Lichtung kam und die Zweige sich öffneten, wenn die Ruten mir das Wasser von den Armen schlugen, die Blätter mir die Tropfen von den Haaren leckten, traf ich auf einen, der Hans hieß.

Ja, diese Logik habe ich gelernt, dass einer Hans heißen muss, dass ihr alle so heißt, einer wie der andere, aber doch nur einer. Immer einer nur ist es, der diesen Namen trägt, den ich nicht vergessen kann, und wenn ich euch auch alle vergesse, ganz und gar vergesse, wie ich euch ganz geliebt habe. Und wenn eure Küsse und euer Samen von den vielen großen Wassern – Regen, Flüssen, Meeren – längst abgewaschen und fortgeschwemmt sind, dann ist doch der Name noch da, der sich fortpflanzt unter Wasser, weil ich nicht aufhören kann, ihn zu rufen, Hans, Hans …

Ihr Monstren mit den festen und unruhigen Händen, mit den kurzen blassen Nägeln, den zerschürften Nägeln mit schwarzen Rändern, den weißen Manschetten um die Handgelenke, den ausgefransten Pullovern, den uniformen grauen Anzügen, den groben Lederjacken und den losen Sommerhemden! Aber lasst mich genau sein, ihr Ungeheuer, und euch jetzt einmal verächtlich machen, denn ich werde nicht wiederkommen, euren Winken nicht mehr folgen, keiner Einladung zu einem Glas Wein, zu einer Reise, zu einem Theaterbesuch. Ich werde nie wieder kommen, nie wieder Ja sagen und Du und Ja. All diese Worte wird es nicht mehr geben, und ich sage euch vielleicht, warum. Denn ihr kennt doch die Fragen, und sie beginnen alle mit „Warum?" Es gibt keine Fragen in meinem Leben. Ich liebe das Wasser, seine dichte Durchsichtigkeit, das Grün im Wasser und die sprachlosen Geschöpfe (und so sprachlos bin auch ich bald!), mein Haar unter ihnen, in ihm, dem gerechten Wasser, dem gleichgültigen Spiegel, der es mir verbietet, euch anders zu sehen. Die nasse Grenze zwischen mir und mir …

Ich habe keine Kinder von euch, weil ich keine Fragen gekannt habe, keine Forderung, keine Vorsicht, Absicht, keine Zukunft und nicht wusste, wie man Platz nimmt in einem anderen Leben. Ich habe keinen Unterhalt gebraucht, keine Beteuerung und Versicherung, nur Luft, Nachtluft, Küstenluft, Grenzluft, um immer wieder Atem holen zu können für neue Worte, neue Küsse, für ein unaufhörliches Geständnis: Ja. Ja. Wenn das Geständnis abgelegt war, war ich verurteilt zu lieben; wenn ich eines Tages freikam aus der Liebe, musste ich zurück ins Wasser gehen, in dieses Element, in dem niemand sich ein Nest baut, sich ein Dach aufzieht über Balken, sich bedeckt mit einer Plane. Nirgendwo sein, nirgendwo bleiben. Tauchen, ruhen, sich ohne Aufwand von Kraft bewegen – und eines Tages sich besinnen, wieder auftauchen, durch eine Lichtung gehen, *ihn* sehen und „Hans" sagen. Mit dem Anfang beginnen.

„Guten Abend."
„Guten Abend."
„Wie weit ist es zu dir?"
„Weit ist es, weit."
„Und weit ist es zu mir."

Einen Fehler immer wiederholen, den einen machen, mit dem man ausgezeichnet ist. Und was hilft's dann, mit allen Wassern gewaschen zu sein, mit den Wassern der Donau und des Rheins, mit denen des Tiber und des Nils, den hellen Wassern der Eismeere, den tintigen Wassern der Hochsee und der zaubrischen Tümpel? Die heftigen Menschenfrauen schärfen ihre Zungen und blitzen mit den Augen, die sanften Menschenfrauen lassen still ein paar Tränen laufen, die tun auch ihr Werk. Aber die Männer schweigen dazu. Fahren ihren Frauen, ihren Kindern treulich übers Haar, schlagen die Zeitung auf, sehen die Rechnungen durch oder drehen das Radio laut an und hören doch darüber den Muschelton, die Windfanfare, und dann noch einmal, später, wenn es dunkel ist in den Häusern, erheben sie sich heimlich, öffnen die Tür, lauschen den Gang hinunter, in den Garten, die Alleen hinunter, und nun hören sie es ganz deutlich: Den Schmerzton, den Ruf von weither, die geisterhafte Musik. Komm! Komm! Nur einmal komm!

(1961)

VI Lieder im Volksliedton

1 Achim von Arnim: Nachschrift an den Leser

Achim von Arnim hat die erste Auflage der Volksliedersammlung „Des Knaben Wunderhorn", die er gemeinsam mit Clemens Brentano herausgab, mit einem Nachwort versehen.

Titelbild des ersten Bandes von „Des Knaben Wunderhorn", 1806

Von dieser unsrer Sammlung kann ich nur mit ungemeiner Neigung reden, sie ist mir jetzt das liebste Buch, was ich kenne, nicht was mein Freund Brentano und ich dafür getan, ungeachtet es gern geschehen, sondern was innerlich darin ist und weht, die frische Morgenluft altdeutschen Wandels. Wär ich ein Bienenvater, ich würde sagen, es war der letzte Bienenstock, er wollte eben wegschwärmen, es hat uns wohl Mühe gemacht, ihn im alten Haus zu sammeln, bewahrt ihn, stört ihn nicht, genießt seines Honigs wie recht. Unrecht ist es, für die einzelne Schönheit einer Gegend aufzuwecken, den sie in schönere Träume vertieft, darum kein näheres Wort über die bedeutende Schönheit jedes einzelnen dieser Lieder, bloß literarische Merkwürdigkeit ist meines Wissens keins, jedes atmet, pulsiert in sich, lauter frische, spielende, ringende Kinder, keine hölzerne Puppen, die selbst echte Dichter, aus Angewohnheit des Bildens, ihren echten Kindern nachmachen.

Heidelberg im Juli 1805

2 Achim von Arnim: Zweite Nachschrift an den Leser

In der Wiederauflage der Liedersammlung 13 Jahre später räumt Arnim ein, die gesammelten Lieder bearbeitet zu haben.

Titelbild des zweiten Bandes, 1808

Die eigentliche Geschichte war mir damals unter der trübsinnigen Last, die auf Deutschland ruhte, ein Gegenstand des Abscheus, ich suchte sie bei der Poesie zu vergessen, ich fand in ihr etwas, das sein Wesen nicht von der Jahreszahl borgte, sondern das frei durch alle Zeiten hindurch lebte. Dieses Wesen, das mich in neuen und alten Schriften gleich lebhaft anregte, suchte ich in seinen sichtbarsten Zeichen auch andern mitzuteilen, ich verschmähte es nicht, wo ich es in mir selbst zu entdecken glaubte, und so wurden auch die beiden folgenden Bände ein Aufnehmen des Fremden in uns. Es würde uns jetzt fast unmöglich sein, durch Zeichen, wie einige gewünscht haben, anzudeuten, wo die Restauration anfängt und das Alte aufhört.

Berlin, den 20. September 1818

3 Clemens Brentano: Die Chronika des fahrenden Schülers (1802–1806)

Das Erste, dessen ich mich aus frühster Jugend von meiner Mutter recht deutlich erinnre, ist, dass sie mich lehrte, mich mit dem Zeichen des heiligen Kreuzes zu bezeichnen und die Hände zu falten und das Vaterunser und den englischen Gruß zu beten. Sie sagte mir die Gebete vor, ich schaute nach ihren Lippen und sprach ihr nach, und ich erinnere mich noch recht sehr deutlich meiner großen Freude, als ich zum ersten Male abends neben ihr an ihrem Betschemel kniete, und diese heiligen Gebete mit ihr fertig und ohne Fehl sprach. Jetzt noch, wenn ich bete, ist es mir oft, als schaute ich nach ihren Lippen und spräche ihr nach. Sie war arm, fromm und arbeitsam, und wenn ich sie gleich später in mancherlei Geschäft gesehen, schwebt mir ihr Bild doch meistens betend, singend oder spinnend vor Augen. Wenn sie mich manchmal abends schon im Bette entschlafen glaubte, wachte ich noch und horchte auf das Schnurren ihrer Spindel und ihren rührenden Gesang; denn sie saß spät auf, ihr Brot in Ehren zu verdienen. Der Anblick meiner holdseligen Mutter, wenn sie so bei Lampenschein vor sich hin sang und spann, rührte mich oft bis zu Tränen; warum, das weiß der liebe Gott gewiss, zu dem ich wohl zuhörend mit kindischem Herzen für sie gebetet habe. Einmal weiß ich, dass ich gar sehr weinen musste; als ich sie nachts bei ihrem Rocken[1] so vor sich hin singen hörte, da fing eine Nachtigall vor unserm Fenster auch an zu singen; es war schon sehr spät, und der volle Mond schien klar und hell. Meine Mutter aber hörte nicht auf zu singen, und sang das Vöglein und sie zugleich. Da habe ich zum ersten Mal Traurigkeit empfunden und kindische Sorgen um den Ernst des Lebens gehabt, die ich wohl noch fühle, aber nicht auszusprechen vermag; da habe ich mich auch leise im Bette aufgerichtet und meiner Mutter zugehört. Sie sang aber ein Lied, das lautete also:

Es sang vor langen Jahren
Wohl auch die Nachtigall,
Das war wohl süßer Schall,
Da wir zusammen waren.

Ich sing und kann nicht weinen
Und spinne so allein
Den Faden klar und rein,
Solang der Mond wird scheinen.

Da wir zusammen waren,
Da sang die Nachtigall;
Nun mahnet mich ihr Schall,
Dass du von mir gefahren.

So oft der Mond mag scheinen,
Gedenk ich dein allein;
Mein Herz ist klar und rein,
Gott wolle uns vereinen!

Seit du von mir gefahren,
Singt stets die Nachtigall;
Ich denk bei ihrem Schall,
Wie wir zusammen waren.

Gott wolle uns vereinen,
Hier spinn ich so allein,
Der Mond scheint klar und rein,
Ich sing und möchte weinen!

Besonders traurig aber kam es mir vor, dass der Vogel und meine Mutter zugleich sangen und doch nicht recht miteinander, und hätte ich damals wohl wissen mögen, ob der Vogel auch in seinem Gesange meiner Mutter gedachte, und ob er auch lieber geweint als gesungen hätte. Ich fragte darum meine Mutter mit den Worten: Mutter, was singt denn die Nachtigall dazu? Da sagte sie: Die Nachtigall sehnt sich und lobet Gott, also tue ich auch. Aber, Johannes, warum wachst du? Schlafe, du musst morgen früh heraus (…)

1 Spinnrocken oder Kunkel: Stabförmiges Gerät zur Befestigung unversponnener Fasern.

Clemens Brentano bedient sich für sein Lied bei verschiedenen Vorbildern.

4 Johann Wolfgang von Goethe: Faust I, Gretchens Stube

Gretchen am Spinnrad allein.

Meine Ruh ist hin,
Mein Herz ist schwer,
Ich finde sie nimmer
Und nimmermehr.

Wo ich ihn nicht hab,
Ist mir das Grab.
Die ganze Welt
Ist mir vergällt.

Mein armer Kopf
Ist mir verrückt,
Mein armer Sinn
Ist mir zerstückt.

Nach ihm nur schau ich
Zum Fenster hinaus,
Nach ihm nur geh ich
Aus dem Haus.

Sein hoher Gang,
Sein' edle Gestalt,
Seines Mundes Lächeln,
Seiner Augen Gewalt.

Und seiner Rede
Zauberfluss,
Sein Händedruck,
Und ach, sein Kuss!

Mein Busen drängt
Sich nach ihm hin.
Ach dürft ich fassen
Und halten ihn.

Und küssen ihn,
So wie ich wollt,
An seinen Küssen
Vergehen sollt!

(1808)

5 Hans Jacob Christoffel von Grimmelshausen: Der abenteurliche Simplicissimus, VII. Kapitel

… ohngefähr um Mitternacht erwachte ich wieder und hörete ihn folgendes Lied singen, welches ich hernach auch gelernet:

Komm Trost der Nacht, o Nachtigall,
Lass deine Stimm mit Freudenschall
Aufs lieblichste erklingen
Komm, komm, und lob den Schöpfer dein,
Weil andre Vöglein schlafen sein,
Und nicht mehr mögen singen:
Lass dein
Stimmlein
Laut erschallen,
Dann vor allen
Kannst du loben
Gott im Himmel hoch dort oben.

(1669)

6 Brief Achim von Arnims an Clemens Brentano

9. Juli 1802

Es ist das Lied einer Nachtigall, die mit den Kleinen verhungert, weil ihr Männlein gefangen und sie beständig die Kleinen wärmen muss und nicht nach Futter ausfliegen kann …

Vergessen ist die frohe Weis'
Mein Lieber ist schon lange fern;
Im Hause hör ich seine Weis'
Er klagt zu uns, er käm so gern.

So Tage bis zum Abendstern,
Ich klage, dass nichts laben kann.
So Nächte bis zum Morgenstern,
Statt Wärme wehn uns Sorgen an.

7 Richard Alewyn: Der Spinnerin Lied

Dies ist kein schwieriges Gedicht. Es verlangt keinerlei Bemühung des Gedankens oder des Gefühls. Es gleitet mühelos ins Ohr, so gewaltlos, dass die Aufmerksamkeit eher eingeschläfert wird als angestrengt, ein eintöniger Wellenschlag ohne Spannungen oder Stauungen, ohne Wechsel der Tonhöhe oder Tonstärke. Einfach ist die Sprache: schlichte Worte, kurze, aneinandergereihte Sätze ohne syntaktischen Aufwand.

Das Gedicht verlangt auch keine literaturhistorischen oder biografischen Vorkenntnisse. Man braucht durchaus nicht zu wissen, wann und von wem es gemacht worden ist, wenn auch, wer sich auskennt, weiß, dass nur ein Dichter der deutschen Romantik, und unter diesen keiner als Brentano dieses Gedicht hätte machen können. Der Dichter behelligt uns nicht mit seiner Person, seinen Gedanken, Gefühlen oder Erlebnissen. Wer hier „ich" sagt, ist nicht der Verfasser, auch nicht eine vom Verfasser vorgenommene Maske, hinter der er sich versteckte, um sich um so ungehemmter ergießen zu können. Das Lied singt von selber, es singt sich selber, es singt von sich selber. Und damit ist nichts gesagt, als dass es reine lyrische Substanz ist ohne fremde Trübung. Es lässt einen Menschen singen, von seinem Singen singen, vom Singen der Nachtigall, und indessen wird es gesungen, ein echter Singsang. Dieses Singen will gehört werden, denn es ist ein Wunder an Wohllaut, gewebt aus Klängen und Widerklängen. Keinem Dichter vorher oder nachher ist es wie dem Verfasser dieses Gedichts gelungen, die in der Sprache schlummernden Klänge zu entbinden. In den Reimen blühen sie auf, und an ihnen zuerst kann man ablesen, wenn man die Mühe nicht scheut, dass ihre Verschlingung keineswegs so zufällig ist, wie sie mühelos erscheint.

Sechs Strophen hat das Gedicht, jede zu vier Versen, die jeweils so angeordnet sind, dass der erste und der letzte aufeinander reimen und wiederum der zweite und der dritte, und dass die Randverse auf weibliche Reime enden, die Binnenverse auf männliche. Das macht, dass das Ende jede Strophe zu ihrem Anfang zurückzukehren scheint und jede eine zyklische Bewegung durchläuft.

Man könnte ganze Strophen miteinander vertauschen, etwa die dritte und die fünfte oder die vierte und die sechste, man könnte viele Zeilen verschiedener Strophen die Plätze wechseln lassen, ohne das Gedicht merklich zu verändern. Ja, es fehlt nicht viel, dass man es Zeile für Zeile rückwärts lesen könnte. Es wäre nur die Syntax, nicht der Sinn, was dem im Wege steht.

Wenn das Gedicht also geradezu umkehrbar ist, dann ist das ein Zeichen dafür, dass zwischen seinem Anfang und seinem Ende nichts geschehen ist, was irgendeine Folge hätte und damit eine Reihenfolge vorschriebe. Dass das Gedicht umkehrbar ist, verrät, dass die Zeit in diesem Gedicht umkehrbar ist, und das besagt: Die Zeit steht still. Und so muss das Gedicht auch durchaus nicht da aufhören, wo es endet. Wie es an jeder anderen Stelle hätte aufhören können, so könnte es auch noch lange weitergehen. Es hat überhaupt kein Ende, so wenig, wie es einen Anfang hat, und das besagt: Die Zeit verrinnt. Stillstand der Zeit oder Verrinnen der Zeit – es ist das Gleiche.

Aber wird es nicht endlich Zeit, etwas über den Inhalt des Gedichts zu sagen? – Es war von nichts anderem die Rede. Gleichmäßiger Wechsel und endlose Wiederkehr, Stillstand und Verrinnen der Zeit, nichts anderes ist das Thema des Gedichts, gebannt in die Situation der verlassenen jungen Frau am Spinnrad. Im Gegensatz der A-Strophen und der Ei-Strophen dehnt die Zeit sich aus. Die A-Strophen sprechen von der verlorenen Vergangenheit – die seligen Nächte „da wir zusammen waren" –, die Ei-Strophen sprechen von der leeren Gegenwart – „hier spinn ich allein" –, die einen sind beherrscht von einem Klang, dem betörenden Singen der Nachtigall, die anderen von einem Licht, dem tröstenden Scheinen des Mondes. Zwischen diesen beiden Polen, der Vergangenheit und der Gegenwart, der Erinnerung und der Wirklichkeit, bewegen sich die Gedanken der Spinnerin. Endlos wie ihr Rad sich dreht, so geht der Spinnerin Lied.

Über dies alles ist in dem Gedicht kein Wort gesagt, es braucht nicht gesagt zu werden, weil ein Gedicht nicht zu sagen braucht, was es schon ist. Müssen wir noch hinzufügen, dass es in der deutschen Sprache kein traurigeres Gedicht gibt? Eines der einfachsten und zugleich eines der kunstvollsten, die wir haben, und darum eines der schönsten.

(1974)

VII Die verlassene Geliebte

1 Karoline Günderode: Brief an Friedrich Creuzer[1]

Karoline von Günderode.
Lithographie von C. Lang

Ich sende dir ein Schnupftuch, das für dich von nicht geringerer Bedeutung sein soll als das, welches Othello der Desdemona schenkte. Ich habe es lange, um es zu weihen, auf meinem Herzen getragen. Dann habe ich mir die linke Brust gerade über dem Herzen aufgeritzt und die hervorgehenden Blutstropfen auf dem Tuch gesammelt. Siehe, so konnte ich das Zarteste für dich verletzen. Drücke es an deine Lippen; es ist meines Herzens Blut! So geweiht, hat dieses Schnupftuch die seltene Tugend, dass es vor allem Unmut und Zweifel verwahrt. Ferner wird es dir ein zärtliches Pfand sein.

(1806)

1 Friedrich Creuzer, ein Heidelberger Professor, war der verheiratete Geliebte Karolines, der sich letztlich nicht entschließen konnte, seine Frau zu verlassen.

2 Susanne von Heyden: Brief an Hektor von Günderode

Frankfurt, den 28. Juli 1806

Ich muss eilen, Herr von Günderode, Sie von einer Begebenheit zu unterrichten, die mir das Herz zerreißt, ehe das Gerücht mir zuvorkommt. Die Verbindung, in der Ihre Schwester meine einzige Karoline, mit Creuzer stand, ist Ihnen bekannt. Beifolgende zwei Briefe von Daub an mich werden Ihnen die Lage der Dinge sagen, wie sie noch vor kurzem war, ehe ein fürchterliches Misslingen jeder Vorsicht das Unglück Linens herbeiführte. Aus dem zweiten Brief von Daub werden Sie sehen, dass ich alles anwandte, diesen Kummer von Linen abzuwenden. Ich schrieb, da alle Vorstellungen unnütz waren, beifolgenden Brief an Lotte Servière in Langenwinkel, im Rheingau, wo Karoline war, nebst beifolgendem Brief an Lina, um durch diese Linen vorzubereiten; allein ungeachtet ich die Adresse an Lotten mit verstellter Hand und Siegel gemacht hatte, eilte Karoline, die seit langer Zeit auf Briefe gewartet hatte, dem Boten entgegen, erbrach den Brief und ging in ihr Zimmer von wo sie bald wieder herauskam und ganz heiter scheinend Lotten Adieu sagte, sie wolle am Rhein, wie sie oft tat, spazieren gehen, kam aber nicht wieder. Beim Nachtessen wurde sie vermisst; man eilte auf ihr Zimmer, fand die erbrochenen Briefe und bange Sorge erfüllte die guten Mädchen. Sie suchten die ganze Nacht; früh fand man die unglückliche Lina tot am Ufer; ihr Ihnen wohlbekannter Dolch hatte das Herz des Engels durchstochen. Sie konnte nicht leben ohne Liebe, ihr ganzes Wesen war aufgelöst in Lebensmüdigkeit. Sie, der sie liebte, wie wenige Brüder lieben, fühlen, wie schmerzlich ihr Verlust mir ist; mein halbes Leben liegt mit ihr im Grabe. Ich wollte nicht, dass jemand, der sie nicht so liebt wie ich, Ihnen diese Trauernachricht gäbe. Ich erbitte von Ihrer Liebe zu Linen, diese fünf Briefe wieder als ein Andenken zurück; den letzten fand man angefangen in ihrem Zimmer, er ist an Creuzer. Line dachte klein von allen diesen Welturteilen, ihr Herz war größer denn diese Welt; nur die innigste Liebe konnte es lebend erhalten; als diese starb, brach auch ihr Herz; kein Mensch kannte diesen Engel so wie ich. Leben Sie besser bei diesem Verlust wie ich.

3 Christa Wolf: „Unstillbares im Leben“

Gekannt werden – der inständige Wunsch von Frauen, die nicht durch den Mann, sondern durch sich selber leben wollen: Hier scheinen seine Wurzeln zu sein, und er setzt sich fort bis heute und ist auch heute noch seltener erfüllt als unerfüllt, weil das Losungswort „Persönlichkeit!“, unter dem das Bürgertum angetreten, von der Masse der Produzenten niemals eingelöst werden konnte. Eine kühne Idee, zwischen Mann und Frau könnten andre Beziehungen walten als die von Herrschaft, Unterordnung, Eifersucht, Besitz: gleichberechtigte, freundschaftliche, hilfreiche. Schwester sein, Freund (die männliche Form!) – unerhörte Angebote. Beweis dafür, daß Not und Bedrängnis zu phantastischen Einfällen führen, die niemals zu verwirklichen, doch auch niemals mehr ganz und gar aus der Welt zu schaffen sind.

Die Sprache, die die Günderrode mit sich selber spricht, das Gedicht, hört sich anders an.

Ihr Gedicht „Liebe“[1] ist eines der ersten vollkommen offenen Liebesgedichte einer Frau in der deutschen Literatur, unverkappt, uneingekleidet. Ein Gedicht, hervorgetrieben vom unlösbaren Widerspruch, gehalten von der Spannung der einander ausschließenden Elemente, Zeugnis dieser Spannung: gebändigte Unmittelbarkeit. „Gedichte sind Balsam auf Unstillbares im Leben.“

Wer so weit gegangen ist, die Mittel ausprobiert, seine Wirkung an sich erfahren hat, kann nicht mehr zurück. Er kann nur um jeden Preis dies merkwürdige Instrument entwickeln, das, indem es einen Schmerz bewältigt, einen neuen hervorbringt: sich selbst. Dieses Subjektwerden aber läuft dem Zeitgeist entgegen, der auf Nützlichkeit, Verwertbarkeit, die Verwandlung aller Verhältnisse in Tauschwerte dringt. Als habe ein böser Zauber die Dinge und Menschen berührt. Wie sollte ihnen nicht unheimlich werden? Wie sollten sie nicht böse Ahnungen haben und sie in bösen, unheimlichen Märchen ausdrücken? Wie sich dem Gefühl der Sinnentleerung entziehn. („Dies Zeitalter deucht mir schal und leer, ein sehnsuchtsvoller Schmerz zieht mich gewaltig in die Vergangenheit.“)

(…) Denn was realistisch ist, bestimmen die Männer, die über Politik, Produktion, Handel und Forschung verfügen; indem sie sich um des wirklich Wichtigen, das heißt, um der Geschäfte oder des Staatsdienstes willen, ihren Frauen als ganze Person entziehn, erfahren diese einen schreckli-

1 Vgl. S. 89.

chen Realitätsverlust und zugleich ihre eigne Minderwertigkeit, werden kindisch oder zu rachsüchtigen Furien, stilisieren sich zur „schönen Seele" hinauf oder zur biedersittsamen Hausfrau hinunter, fühlen sich überflüssig und halten den Mund. Unter den wenigen, die reden, dichten, singen, wird die Mehrzahl versuchen, ihren Schwestern ihr Los schmackhaft zu machen: Die „Frauenliteratur" beginnt. (...)
Dem Gedicht „Ein Kuß im Traume"[2] – das Blatt liegt in der Deutschen Staatsbibliothek Unter den Linden – hat sie hinzufügen müssen: „S.-g: ist wahr. Solche Dinge träumt das Günderrödchen, und von wem? von jemand, der sehr lieb ist und immer geliebt wird." Vergleicht man das Gedicht mit der Nachschrift: Welchen Grad von Freiheit und Unabhängigkeit verleiht die Kunst, der Zwang zur Form! Sehr möglich, daß die Günderrode, erschreckt durch ihre Fähigkeit, fühlend zu denken, ja zu formen – Voraussetzung und Zwiespalt jeder Kunstausübung –, sich selbst der Flüchtigkeit und Kälte bezichtigt. Als Dichterin ist sie authentisch, das heißt, sie war es auch als Mensch. „Traum" und „Schmerz" werden ihr Schlüsselwörter, aber sie bedient sich nicht zeitgemäßer Versatzstücke. Wenn sie „Traum" sagt, hat sie geträumt, wenn sie „Schmerz" sagt, leidet sie. Wehleidig ist sie nicht. (...)

(1979)

2 Vgl. S. 31.

VIII Biografisches

1 Clemens Brentano an Sophie Mereau

Im Sommer 1798 lernte Brentano die verheiratete Schriftstellerin Sophie Mereau kennen. Zwei Jahre darauf beendete Sophie die Freundschaft nach verschiedenen Ungeschicklichkeiten des Dichters. Clemens schreibt ihr daraufhin verzweiflungsvoll-bittende Briefe.

Jena, Dezember 1801

Es liegt eine Hexerei in Ihnen und mir, nichts können Sie mir sagen, was mich tröstet, nichts was meinem Unglück nicht das Leben nähre, die Liebe ist ein ewiger Baum in meinem Herzen, Sie schneiden kalt die grünen Zweige nieder, die Wunden weinen, und schießen freundlicher, sehnsüchtiger hervor, und mir, o Gott beschied mir kein Wort, das Sie rührt, auch keine Silbe haben Sie für mich gehabt, die mich kränkte, keine die mich erquickte. Sie haben diesen Brief nicht an mich geschrieben, so ist Ihr Herz nicht. Einst, wie schrecklich können Sie dies Wort gebrauchen, schien ich von Ihren Leiden gerührt zu sein, und keine Liebe, war keine Liebe in mir? die ich jahrelang im Herzen nähre, zu Ihren Füßen nur war Gott in mir, nur dort war mir Schmerz so lieb wie Lust, und stehe ich leer und bloß im Leben, o Sophie, Sie haben mich erfüllt und gekleidet, und alles das, war es ein Spiel in Ihrem Leid? Sie sind nicht so, Sie sind nicht ruhig, wenn Sie so höfliche Briefe an einen Menschen schreiben, dem Sie nicht begegnen wollen, um nicht wahr zu sein. O sollte ich Ihr Leid nicht lieben, da Ihr Leid mich nur erquickte, Ihr Leben meines Elends Bedingnis war, und nun kein Leid in Ihnen, und immer bleibt Ihr Leben, was es mir gewesen. Sie glauben mir nicht, so stehe es für Gott hier, der mir Tränen gibt, durch die ich Sie erblicke, wahrlich seit Sie mich verwandelten, ist keine frohe Minute in mein Herz gekommen, ich habe nur in Tränen gelächelt, und alle Welt ist gestorben, außer Ihnen, seit Sie mich berührten, blind stehe ich, sehe keine Sonne und kein Grün, Ihr Bild nur sehe ich, mit feindlicher Gewalt von mir gewendet, denn es ist nur Gewalt, Sie sind nicht so, nie ist ein treues liebendes Herz so gemissbraucht, als das meine, (...) So wie es jetzt mit Ihnen ist, so wird es auch nicht bleiben, glücklich werden Sie so nimmer, was ich habe ist Ihr, Gott wird mir es wieder geben, das Leben, das ich verstoßen neben Ihnen für Sie lebe. Für keinen Besitz rühre ich die Hände, für keine Liebe habe ich das warme Leben, ich blühe froh und

Freude schaffend neben Ihnen auf, und über mein Verzweiflen werden Sie dann lächeln, wie wir über Fablen[1] lächeln, die von unsrer Geschichte schmerzlich naive Kinderjahre erzählen – o wie wird mir es im Herzen silbern und klingend, wunderbare Worte, ferne Worte die mir nahe sind, so wird es Sophie und das andre wäre, sterben, vergehen so für Sie, lösen muss sich die Liebe in der Liebe, in Lust oder Tod, und ist nicht Lust in Tod und Tod in Lust – Sie haben mir oft mitten in der Lust ein bisschen ins Herz gestochen, Sie haben einmal gesagt, meine Briefe geben einen Roman, ach Gott, wie weh tat das? und jetzt ist diese Lust zu schreiben, an Sie zu schreiben, all mein Leben, (...)

1 Gemeint sind Fabeln.

2 Peter Härtling: Die dreifache Maria

Im Jahre 1823 verliebt sich der junge Student Eduard Mörike (1804–1875) in Maria Meyer, eine schöne junge Frau ungeklärter Herkunft. Aus Gründen der Konvention löst er sich von ihr, obwohl sie mehrfach bei ihm erscheint und um Vorlass bittet. Vergessen kann er sie nicht. Sie ist die Peregrina seiner Gedichte.

Er hat, nachdem sie dreimal erschienen, dreimal von ihm abgewiesen worden war, nie mehr über sie gesprochen. Er hat sie sich förmlich ausgeschwiegen, denn die Elisabeth im Maler Nolten und die Peregrina im Gedicht haben kaum etwas mit ihr zu tun. Noch Jahrzehnte danach, als Hartlaub zaghaft nach ihr fragte, wies er den Freund zurecht: Darüber rede ich nicht.

Hinter dem Nein lauern noch immer verbotene und verweigerte Bilder: Eine junge, tollkühne Person, die aus erprobter Freiheit auf keine Regel achtet, die sich, immerfort lügend, Wahrheiten zutraut, die ihre Begierden und Hoffnungen nicht unterdrückt, sondern unverhohlen auslebt, die, wenn sie liebt, nicht auf Anstand und Absprache achtet, sondern sich preisgibt, die weiß, dass sie für die Gesellschaft, in die sie geriet und die sie ohne Gewissensbisse ausnützt, ein rätselhaftes Wesen darstellen soll, die schöne Fremde, die romantische Vagantin, die herausbekommen hat, wie sie in die Zeit passt, als Hilflose, Verlorene oder als tanzende Zigeunerin, die nichts besitzt als ihren Mut, ihre Leidenschaft, ihre Kenntnisse, ihre Schläue. Sie kann das Alphabet der Armut und der Niedertracht ebenso buchstabieren wie die frommen Sprüche der Erweckungsprediger. Alles kann sie verbergen, nur die ihr schon als Kind aufgeladene Einsamkeit nicht.

Jeder, dem sie über den Weg lief, schildert sie anders, doch immer als Geheimnisvolle und Flüchtige. War sie verschwunden, hinterließ sie Verwirrte und Verärgerte, Geprellte, die mit einem Mal Spuren der List und der Gemeinheit entdeckten. Aber die Wut legte sich wieder. Es war einfacher von ihr zu schwärmen, als über die Doppeldeutigkeit ihres Wesens nachzudenken.

Warum hat Maria ihre Herkunft verschwiegen? Wer brachte ihr bei, nichts zu sein, um mehr zu sein? Sie hatte auf jeden Fall begriffen, dass Armut für Wohlhabende erträglicher wird, wenn sie sich malerisch gibt: Sie erfand ausdrucksvolle Geschichten für ihr Elend, oder sie dachte sich überhaupt ein ganz neues Leben aus. Später, mit siebzehn oder achtzehn, entschloss sie sich zu einer Vergangenheit in Andeutungen, die sich sogar noch widersprachen.

1836, dreizehn Jahre, nachdem er sie in Ludwigsburg zum ersten Mal gesehen hatte, las er in einem Buch über sie. Ein Freund hatte es ihm empfohlen oder geschickt. Der Maler Nolten, die Peregrina-Gedichte waren veröffentlicht, das Vorbild war schon Legende geworden. Bei dem Buch handelte es sich um ‚Erinnerungen, Lebensbilder und Studien aus den ersten 37 Jahren eines teutschen Gelehrten' von dem damals viel gelesenen Schriftsteller und Juristen Ernst Münch.

Er erfuhr, wie Maria der Familie Münch einfach zulief, „eines Morgens beim Frühstück", wie der angeregte Sohn des Hauses sie prüfte, „es war eine herrliche Figur von den edelsten Verhältnissen, von feiner und zarter Hautfarbe und einem Gesichte, dem die mehr infolge erlittenen Kummers, denn als herrschendes Merkmal sichtbare und mit einem gelinden Rot noch immer ringende Blässe einen eigenen Reiz verlieh". Es schüttelte ihn. Es sei geschwollenes, widerwärtiges Geschwätz.

So isch se net gwesa, so net.

(1996)

3 Ingeborg Bachmann und Paul Celan

„Der surrealistische Lyriker Paul Celan" habe sich „herrlicherweise" in sie verliebt, schreibt Ingeborg Bachmann am 20. Mai 1948 ihren Eltern. Ihr Zimmer sei „ein Mohnfeld", denn er beliebe sie „mit dieser Blumensorte zu überschütten". Bachmann und Celan begegneten einander im Nachkriegs-Wien, wo sie Philosophie studierte und er sich nach der Flucht aus Rumänien als ‚displaced person' aufhielt.

3.1 Paul Celan an Ingeborg Bachmann

Paris, am 20. Juni 49

Ingeborg,
‚ungenau' und spät komme ich in diesem Jahr. Doch vielleicht nur deshalb so, weil ich möchte, dass niemand außer Dir dabei sei, wenn ich Mohn, sehr viel Mohn, und Gedächtnis, ebensoviel Gedächtnis, zwei große leuchtende Sträuße auf Deinen Geburtstagstische stelle. Seit Wochen freue ich mich auf diesen Augenblick.

Paul

3.2 Ingeborg Bachmann an Paul Celan

Wien, am 24. Juni 1949

Du Lieber,
weil ich so gar nicht daran gedacht habe, ist heute, am Vortag – im vergangenen Jahr war es doch auch so – Deine Karte richtig angeflogen kommen, mitten in mein Herz, ja es ist so, ich hab Dich lieb, ich hab es nie gesagt damals. Den Mohn hab ich wieder gespürt, tief, ganz tief, Du hast so wunderbar gezaubert, ich kann es nie vergessen.
Manchmal möchte ich nichts, als weggehen und nach Paris kommen, spüren, wie Du meine Hände anfasst, wie Du mich ganz mit Blumen anfasst und dann wieder nicht wissen, woher Du kommst und wohin Du gehst. (…)
Ich habe oft nachgedacht, „Corona" ist Dein schönstes Gedicht, es ist die vollkommene Vorwegnahme eines Augenblicks, wo alles Marmor wird und für immer ist. Aber mir hier wird es nicht „Zeit". Ich hungre nach etwas, das ich nicht bekommen werde, alles ist flach und schal, müde und verbraucht, ehe es gebraucht wurde.

Mitte August will ich in Paris sein, ein paar Tage nur. Frag mich nicht warum, wozu, aber sei da für mich, einen Abend lang oder zwei, drei … Führ mich an die Seine, wir wollen so lange hineinschauen, bis wir kleine Fische geworden sind und uns wieder erkennen.

Ingeborg

3.3 Hans Höller / Andrea Stoll: Gedichte im Dialog

Oft sind in der Bachmann-Philologie die Celan-Zitate in ihrem Werk nachgewiesen worden. (…) Die Szenen ihrer Gedichte sind Schauplätze eines Kampfes, bei dem es um Leben und Tod geht. Gerade in den gewalttätigen Szenen bezieht sich Bachmann am direktesten auf die Sprachbilder Celans und das durch sie vorgegebene ‚harte Gesetz' des Schreibens. „Die Saite des Schweigens / gespannt auf die Welle von Blut, / griff ich dein tönendes Herz. / Verwandelt ward deine Locke / ins Schattenhaar der Nacht, / der Finsternis schwarze Flocken / beschneiten dein Antlitz" („Dunkles zu sagen"). Die Chiffren „Schattenhaar der Nacht" und „Locke" in Bachmanns Gedicht sind Celans sprachliche Zeichen für den Judenmord – „Dein aschenes Haar Sulamith" heißt es in der „Todesfuge", „Judenlocke, wirst nicht grau" in „Mandorla". Bachmanns Verse „der Finsternis schwarze Flocken / beschneiten dein Antlitz" beziehen sich auf Celans Gedicht „Schwarze Flocken", das die Ermordung seiner Eltern im Land, „wo der breiteste Strom fließt", am direktesten anspricht. Es beginnt mit dem Satz: „Schnee ist gefallen, lichtlos".
Bachmanns Orpheus-Gedicht hält die dramatische Szene fest, wo die Erinnerung an den „dunklen Fluss" in die Liebesszene einbricht: „Vergiss nicht, dass auch du, plötzlich, / an jenem Morgen, als dein Lager / noch nass war von Tau und die Nelke / an deinem Herzen schlief, / den dunklen Fluss sahst, / der an dir vorbeizog." (…) Das Gedicht schließt mit dem Trost, dass die Kunst ihr Auge aufschlägt, wenn das Auge des Liebenden sich geschlossen hat. „Und ich gehöre dir nicht zu. / Beide klagen wir nun. / Aber wie Orpheus weiß ich / auf der Seite des Todes das Leben / und mir blaut / dein für immer geschlossenes Aug."

(2008)

IX Zeitgeschichtliches um 1800

1 Zwischen Republik und Kaiserreich

Jan-Pierre Houël (1735–1813): Sturm auf die Bastille, 1789, Wasserfarbe

Jacques-Louis David (1748–1825): Die Krönung Napoleons, 1806/7, Öl auf Leinwand

2 Höhepunkt und Fall

Nicolas Gosse (1787–1878): Napoleon I. empfängt Königin Luise von Preußen anlässlich des Friedens von Tilsit 1807, 1837, Öl auf Leinwand

Völkerschlacht bei Leipzig 1813, Holzstich um 1900

3 Markus Schwering: Staat und Gesellschaft in Deutschland 1789–1815

Die deutschen Länder bieten am Ende des 18. Jahrhunderts das Bild einer vergleichsweise rückständischen Agrargesellschaft – wobei freilich ein starkes Entwicklungsgefälle von Westen nach Osten zu konstatieren ist. Achtzig Prozent der Bevölkerung leben auf dem Land, zwei Drittel sind in bäuerlichen Berufen tätig. Dienst- und abgabenpflichtige Bauern werden zur Bewirtschaftung der Grund- und Gutsherrschaften herangezogen, die adligen Grundherren, aber auch Klöstern und Städten gehören können. Allerdings unternimmt bereits der aufgeklärte Absolutismus Schritte zur Aufhebung der Erbuntertänigkeit und Leibeigenschaft. Der Fürstenstaat sucht auch seine zentralistischen Ansprüche gegenüber altständischen Positionen durchzusetzen, wobei er indes auf einen Adel stößt, der seine ländlichen Machtstellungen keineswegs freiwillig zu räumen gedenkt. Der Entwicklung von Handel und Gewerbe und der Erstarkung des sie tragenden städtischen Bürgertums setzten die zahlreichen Zollschranken, d.h. das Fehlen eines zusammenhängenden deutschen Binnenmarks, enge Grenzen. Die Gesellschaft ist ständisch gegliedert, wobei eine Aufweichung der sozialen Grenzen dadurch blockiert wird, dass die Festlegung der einzelnen Stände auf bestimmte berufliche Tätigkeiten zum Teil gesetzlich verankert ist. (...)
Dies ist auch die Ursache dafür, dass die Französische Revolution und ihre Auswirkungen die deutsche Gesellschaft unvorbereitet und gewissermaßen wehrlos antreffen. Die Napoleonischen Kriege lösen allerdings auch hier einen Schub sozialer Modernisierung aus, der zunächst – so im Fall der Reformen in den Rheinbundstaaten und in Preußen – Züge einer „Revolution von oben" trägt, freilich auch aufgrund wirtschaftlicher und demografischer Veränderungen – etwa der beschleunigten Bevölkerungsvermehrung – seine eigene Dynamik jenseits staatlicher Politik entfaltet. Global lässt sich dieser Prozess, der bis weit ins 19. Jahrhundert hineinreicht, als Auflösung der ständischen Sozialverfassung und Heraufkunft einer modernen bürgerlichen Gesellschaft beschreiben, die durch die rechtliche Gleichheit der Staatsbürger, das Prinzip der Leistung anstelle des ständischen Merkmals der Geburt und die Herausbildung der durch ihren ökonomischen Status definierten sozialen Klassen gekennzeichnet ist.

Die unter den Ministerien Stein und Hardenberg seit 1807 durchgeführten preußischen Reformen sind die Schlussfolgerungen aus der Erkennt-

nis, dass sich bei Jena und Auerstedt nicht nur die französische Armee, sondern auch das revolutionäre Gesellschaftssystem dem alten absolutistischen Ständestaat überlegen gezeigt hat. (...)
Neben dem Gesetz zur Judenemanzipation und der Modernisierung im Bildungswesen ist eine weitere zukunftsträchtige Reform die 1810 eingeführte allgemeine Gewerbefreiheit, die das ständische Zunftsystem beseitigt und gemäß der liberalen Maximen von Adam Smith im Zeichen der durch staatliche Eingriffe nicht behinderten Initiative privater Unternehmer eine allgemeine Wirtschaftsbelebung heraufführen soll.
Die preußische Heeresreform schließlich, die die allgemeine Wehrpflicht einführt, macht den Versuch, „die Armee einer von allen ständischen Schranken befreiten bürgerlichen Gesellschaft zu schaffen" (M. Botzenhart, 1985, S. 68). Ähnlich wie die Beamtenkarriere steht auch die Offizierslaufbahn Bürgerlichen offen, deren Konkurrenz sich der Adel stellen muss.
Die Reformen stoßen nicht überall auf Zustimmung. Insbesondere eine hochkonservative Fraktion der landbesitzenden Aristokraten, die ihre Privilegien gefährdet sieht, bekämpft sie erbittert als „revolutionär". (...)
Die romantischen Autoren schreiben ihre Texte in einer Ära beschleunigten Erfahrungswandels, in der sich für unverbrüchlich gehaltene Ordnungen auflösen und neue Formen des politischen, gesellschaftlichen und kulturellen Lebens rasch herausbilden. Von Eichendorff existiert aus seinem letzten Lebensjahr (1857) eine Daguerreotypie, die daran erinnert, dass der Dichter, der in der Abgeschiedenheit Oberschlesiens noch den Nachsommer der Rokoko-Kultur des 18. Jahrhunderts erlebt, zugleich einer Epoche angehört, die die Fotografie, die Eisenbahn, die Elektrizität und die Hochöfen hervorgebracht hat.

(1994)

X Definitionen der Liebe

1 Max Frisch: Du sollst dir kein Bildnis machen

Es ist bemerkenswert, daß wir gerade von dem Menschen, den wir lieben, am mindesten aussagen können, wie er sei. Wir lieben ihn einfach. Eben darin besteht ja die Liebe, das Wunderbare an der Liebe, daß sie uns in der Schwebe des Lebendigen hält, in der Bereitschaft, einem Menschen zu folgen in allen seinen möglichen Entfaltungen. Wir wissen, daß jeder Mensch, wenn man ihn liebt, sich wie verwandelt fühlt, wie entfaltet, und daß auch dem Liebenden sich alles entfaltet, das Nächste, das lange Bekannte. Vieles sieht er wie zum ersten Male. Die Liebe befreit es aus jeglichem Bildnis. Das ist das Erregende, das Abenteuerliche, das eigentlich Spannende, daß wir mit den Menschen, die wir lieben, nicht fertigwerden: weil wir sie lieben; solang wir sie lieben. Man höre bloß die Dichter, wenn sie lieben; sie tappen nach Vergleichen, als wären sie betrunken, sie greifen nach allen Dingen im All, nach Blumen und Tieren, nach Wolken, nach Sternen und Meeren. Warum? So wie das All, wie Gottes unerschöpfliche Geräumigkeit, schrankenlos, alles Möglichen voll, aller Geheimnisse voll, unfaßbar ist der Mensch, den man liebt –
Nur die Liebe erträgt ihn so.
Warum reisen wir?
Auch dies, damit wir Menschen begegnen, die nicht meinen, daß sie uns kennen ein für allemal; damit wir noch einmal erfahren, was uns in diesem Leben möglich sei –
Es ist ohnehin schon wenig genug.

Unsere Meinung, daß wir das andere kennen, ist das Ende der Liebe, jedesmal, aber Ursache und Wirkung liegen vielleicht anders, als wir anzunehmen versucht sind – nicht weil wir das andere kennen, geht unsere Liebe zu Ende, sondern umgekehrt: weil unsere Liebe zu Ende geht, weil ihre Kraft sich erschöpft hat, darum ist der Mensch fertig für uns. Er muß es sein. Wir können nicht mehr! Wir künden ihm die Bereitschaft, auf weitere Verwandlungen einzugehen. Wir verweigern ihm den Anspruch alles Lebendigen, das unfaßbar bleibt, und zugleich sind wir verwundert und enttäuscht, daß unser Verhältnis nicht mehr lebendig sei.

„Du bist nicht“, sagt der Enttäuschte oder die Enttäuschte: „wofür ich dich gehalten habe.“

Und wofür hat man sich denn gehalten?

Für ein Geheimnis, das der Mensch ja immerhin ist, ein erregendes Rätsel, das auszuhalten wir müde geworden sind. Man macht sich ein Bildnis. Das ist das Lieblose, der Verrat.

Man hat darauf hingewiesen, das Wunder jeder Prophetie erkläre sich teilweise schon daraus, daß das Künftige, wie es in den Worten eines Propheten erahnt scheint und als Bildnis entworfen wird, am Ende durch eben dieses Bildnis verursacht, vorbereitet, ermöglicht oder mindestens befördert worden ist –

Unfug der Kartenleserei.

Urteile über unsere Handschrift.

Orakel bei den alten Griechen.

Wenn wir es so sehen, entkleiden wir die Prophetie wirklich ihres Wunders?

Es bleibt noch immer das Wunder des Wortes, das Geschichte macht: –

„Im Anfang war das Wort.“

(…)

In gewissem Grad sind wir wirklich das Wesen, das die andern in uns hineinsehen, Freunde wie Feinde. Und umgekehrt! auch wir sind die Verfasser der andern; wir sind auf eine heimliche und unentrinnbare Weise verantwortlich für das Gesicht, das sie uns zeigen, verantwortlich nicht für ihre Anlage, aber für die Ausschöpfung dieser Anlage. Wir sind es, die dem Freunde, dessen Erstarrtsein uns bemüht, im Wege stehen, und zwar dadurch, daß unsere Meinung, er sei erstarrt, ein weiteres Glied in jener Kette ist, die ihn fesselt und langsam erwürgt. Wir wünschen ihm, daß er sich wandle, o ja, wir wünschen es ganzen Völkern! Aber darum sind wir noch lange nicht bereit, unsere Vorstellung von ihnen aufzugeben. Wir selber sind die letzten, die sie verwandeln. Wir halten uns für den Spiegel und ahnen nur selten, wie sehr der andere seinerseits eben der Spiegel unsres erstarrten Menschenbildes ist, unser Erzeugnis, unser Opfer –.

(1946/1950)

4 Stefan Klein: Ist Liebe eine Sucht?

Im Hochgefühl der Liebe erscheint der Partner als ein ganz besonderes Wesen. Nichts und niemand kann uns in solch euphorische Stimmung versetzen wie er oder sie, wenn wir verliebt sind. Diese romantischen Gefühle gehen im Gehirn häufig mit einem eigentümlichen Zustand der Erregung einher, in dem sich die Grenzen der eigenen Person aufzulösen scheinen. Dichter haben diese Erfahrung seit jeher beschrieben; vor kurzem haben die Londoner Forscher Andreas Bartels und Semir Zeki gezeigt, dass der Rausch des Verliebtseins auch der Wissenschaft zugänglich ist. Über das Internet suchten sie Versuchspersonen, die sich glaubhaft als von „echter, tiefer und verrückter Liebe" besessen beschrieben. Die meisten waren Frauen.

Um festzustellen, was den Zustand des Verliebtseins ausmacht, baten Bartels und Zeki ihre Probanden zur Kernspintomographie. Dort zeigten sie den Teilnehmerinnen zunächst Fotos von Freunden, zu denen die Frauen keine sexuelle Beziehung hatten, und forderten sie auf, intensiv an diese Menschen zu denken. Währenddessen zeichneten die Wissenschaftler die Aktivität ihrer Gehirne auf.

Dann wurden die Bilder von Freunden durch Porträts der Geliebten ersetzt. Nun sollten die Versuchspersonen an ihre Partner denken, während ihre Gehirne ein zweites Mal durchleuchtet wurden. Der Vergleich beider Aufnahmen ließ erkennen, was die Beschäftigung mit der geliebten Person im Gehirn bewirkt: Bartels und Zeki stellten ein Muster der Hirnaktivität ganz ähnlich wie unter dem Einfluss von Drogen fest. Die Euphorie des Verliebtseins ist also der Rauschwirkung von Heroin oder Kokain durchaus vergleichbar.

Das ist neurobiologisch gesehen nicht verwunderlich, denn Drogen einerseits und die Liebeselixiere Oxytocin und Vasopressin andererseits wirken auf dieselben Schaltungen im Gehirn. Beide sprechen Systeme an, in denen Dopamin, das Hormon des Begehrens, eine wesentliche Rolle spielt. Das muss so sein, damit eine Bindung an den Partner entstehen kann: Dopamin steuert ja, wie wir gesehen haben, die Aufmerksamkeit und weckt das Verlangen.

Der Neuropsychologe Jaak Panksepp vergleicht denn auch die Liebe mit einer Sucht: Im einen Fall entsteht eine Bindung an die Droge, im anderen an eine Person. Die Verwandtschaft zeigt sich besonders deutlich im Moment der Trennung – dem Entzug von der Droge oder dem Abschied von dem oder der Geliebten. Gefühle von Einsamkeit und Leere, Appetitverlust, Niedergeschlagenheit, Schlaflosigkeit und Reizbarkeit sind in beiden Fällen die Folge.

Gegen die angenehme Wirkung einer Droge stumpft der Süchtige gewöhnlich ab, und auch die Reize eines geliebten Menschen können mitunter ihre Wirkung einbüßen. Trotzdem begegnen wir oft Paaren, deren Augen noch nach Jahrzehnten des Zusammenseins strahlen, wenn sie den anderen erblicken. Es muss also einen Mechanismus geben, der der Abstumpfung in der Liebe entgegenwirkt und Menschen davor bewahren kann, unter ihrem Partner wie unter einer Droge zu leiden.

Auch daran scheint Oxytocin beteiligt zu sein. Tierversuche deuten darauf hin, dass dieses Hormon die Gewöhnung an gute Gefühle zumindest abschwächen kann. Sollten sich diese Ergebnisse bestätigen, dann hieße die Zauberformel für eine über lange Zeit lebendige Liebe: Sex. Schließlich wird Oxytocin während des Höhepunkts bei Mann und Frau ausgeschüttet; möglicherweise wirkt es wie ein Jugendelixier für die Partnerschaft, das die Leidenschaft am Kochen hält.

(2002)

Inhaltsverzeichnis

Textquellenverzeichnis

S. 7 Novalis: Walzer, aus: Novalis, Werke, Briefe und Tagebücher in drei Bänden. Hrsg. von Hans-Joachim Mähl und Richard Samuel, München, Hanser Verlag 1978 **S. 8** Joseph von Eichendorff: Nachtzauber: aus: Joseph von Eichendorff, Sämtliche Werke in vier Bänden, Bd. 1, hrsg. von Wolfdieter Rasch, München, Hanser Verlag, 1981 **S. 9** Ulla Hahn: Bildlich gesprochen, aus: Ulla Hahn, Herz über Kopf, Gedichte, Stuttgart, Deutsche Verlags-Anstalt GmbH 1981, S. 48 **S. 9** Ernst Jandl: liegen, bei dir, in: Ernst Jandl: Gesammelte Werke. Gedichte, Stücke, Prosa. Hrsg. von Klaus Siblewski, München, Luchterhand Literaturverlag 1985 **S. 11** Heinrich Heine: Ein Jüngling liebt ein Mädchen, aus: Heines Werke in fünf Bänden, hrsg. von den Nationalen Gedenkstätten der klassischen deutschen Literatur in Weimar, Bd. 1, Berlin und Weimar, Aufbau Verlag 1968 **S. 11** Sarah Kirsch: Wintermusik, aus: Sarah Kirsch, Erlkönigs Tochter, Stuttgart, Deutsche Verlags-Anstalt GmbH 1982 **S. 12** Martin Opitz: Ach Liebste, lass uns eilen, aus: Gedichte des Barock. Hrsg. von Ulrich Maché und Volker Meid, Stuttgart, Philipp Reclam Verlag 1975 **S. 13** Paul Fleming: Wie er wolle geküsset sein, aus: Liebeslyrik des Barock. Mit einem Nachwort hrsg. von Curt Grützmacher, München, Winkler Verlag 1965 **S. 14** Christian Hoffmann von Hoffmannswaldau: So soll der Purpur deiner Lippen, aus: Herrn von Hoffmannswaldaus und andrer Deutschen auserlesene und ungedruckte Gedichte, nach einem Druck vom Jahre 1697, Tübingen 1961–65, Niemeyer Verlag **S. 15** Johann Christian Günther: Als er der Phillis, in: Johann Christian Günther: Gesammelte Werke, Frankfurt a. M., Deutscher Klassiker Verlag **S. 16** Francesco Petrarca: Canzoniere, italienisch – deutsch. Nach einer Interlinearübersetzung von Geraldine Gabor in deutsche Verse gebracht von Ernst-Jürgen Dreyer, Frankfurt a. M., Stroemfeld/Roter Stern 1990 **S. 17** Martin Opitz: Francisci Petrarchae, aus: Gedichte des Barock, a.a.O. **S. 18** Sibylla Schwarz: Ist Lieb ein Feur, aus: Gedichte des Barock, a.a.O. **S. 19** Daniel Caspar Lohenstein: Das Hertze, aus: Gedichte des Barock, a.a.O. **S. 20** Francesco Petrarca: Eramo i capei d'or, aus: Petrarca, a.a.O. **S. 21** Friedrich Georg Weckherlin: Ihrer Schönheit übernatürliche Würckung, aus: Gedichte des Barock, a.a.O. **S. 22–25** Christian Hoffmann von Hoffmannswaldau: Beschreibung vollkommener Schönheit/Vergänglichkeit der Schönheit/An Lauretten, aus: Hoffmannswaldau, a.a.O. **S. 26 f.** Ludwig Tieck: Wunder der Liebe, in: Gedichte der Romantik, hrsg. von Wolfgang Frühwald, Stuttgart, Philipp Reclam Verlag 1984 **S. 28 f.** Clemens Brentano: Die Seufzer des Abendwinds wehen/Wenn die Sonne weggegangen, in: Clemens Brentano, Werke in vier Bänden, hrsg. von Friedhelm Kemp und Wolfgang Frühwald, Bd. 1, München, Hanser Verlag 1965 **S. 30 ff.** Karoline von Günderode: Die eine Klage/Der Kuss im Traume/Ist alles stumm und leer, in: Karoline von Günderode, Gedichte, hrsg. von Franz Josef Görtz, Frankfurt a. M., Insel Verlag **S. 34 f.** Eduard Mörike: Peregrina/Früh im Wagen, aus: Eduard Mörike, Sämtliche Werke in vier Bänden, Bd. 1, hrsg. von Helmut G. Göpfert, Hanser Verlag, München 1981 **S. 36** Heinrich Heine: Sie saßen und tranken: Heine, a.a.O. **S. 37** Doris Runge: Einladung zum Tee, aus: Doris Runge, kommt Zeit, Stuttgart, Deutsche Verlags-Anstalt GmbH, 1988 **S. 38** Karl Rottmanner: Auf ein Gemälde, in: Walter Killy, Epochen deutscher Lyrik, Bd. 7, München, Deutscher Taschenbuchverlag 1970 **S. 39 f.** Joseph von Eichendorff: Der Blick/An Luise, aus: Eichendorff, a.a.O. **S. 41 ff.** Joseph von Eichendorff: Der Schiffer/Waldgespräch/Der stille Grund, aus: Eichendorff, a.a.O. **S. 44 ff.** Clemens Brentano: Zu Bacharach am Rheine, aus: Brentano, a.a.O. **S. 48** Otto von Loeben: Der Lurleyfelsen, aus: Karl Otto Conrady, Das Buch deutscher Gedichte, Berlin 2000 **S. 49** Heinrich Heine: Ich weiß nicht was soll es bedeuten, aus: Heine, a.a.O. **S. 50 f.** Unbekannter Verfasser: Ich hort ein sichellin rauschen/Spinnlied, aus: Des Knaben Wunderhorn. Alte deutsche Lieder, gesammelt und Achim von Arnim u. Clemens Brentano, hrsg. von Heinz Rölleke, Frankfurt a. M., Insel Verlag 2003 **S. 52** Clemens Brentano: Der Spinnerin Nachtlied, aus: Brentano, a.a.O. **S. 53** Eduard Mörike: Das verlassene Mägdlein, aus: Mörike, a.a.O. **S. 54 f.** Joseph von Eichendorff: Das zerbrochene Ringlein/Zwielicht, in: Eichendorff, a.a.O. **S. 56–64** Heinrich Heine: Ich hab im Traum geweinet/Mir träumte wieder der alte Traum/Auf Flügeln des Gesanges/Ich steh auf des Berges Spitze/Der Mond ist aufgegangen/ Im Rhein, im heiligen Strome/Wahrhaftig/ Und als ich euch meine Schmerzen geklagt/Oh mein gnädigstes Fräulein erlaubt/Nun ist es Zeit, dass ich mit Verstand, aus: Heine, a.a.O. **S. 64** Paul Celan: Corona, aus: Paul Celan, Gesammelte Werke, 1. Band, Gedichte I, Frankfurt a. M., Suhrkamp Verlag 1983 **S. 65** Ingeborg Bachmann: Dunkles zu sagen, aus: Ingeborg Bachmann, Sämtliche Gedichte, München, Piper und Co. Verlag 1978, S. 42 **S. 66** Karl Krolow: Liebesgedicht, aus: Karl Krolow, Tage und Nächte, Düsseldorf, Eremitenpresse 1956 **S. 67** Sarah Kirsch: Ich wollte meinen König töten, aus: Sarah Kirsch, Zaubersprüche, Ebenhausen, Verlag Langewiesche-Brandt, 1974 **S. 68** Reiner Kunze: Rudern zwei, aus: Rainer Kunze, Das Gespräch mit der Amsel, S. Fischer Verlag, Frankfurt a. M., 1984 **S. 68** Christoph Meckel: Speisewagen, aus: Christoph Meckel, Wen es angeht, Düsseldorf, Eremiten-Presse 1974 **S. 69** Werner Söllner: Liebende, aus: Werner Söllner, Kopfland, Passagen. Gedichte, Frankfurt a. M., Suhrkamp Verlag 1994 **S. 70** Durs Grünbein: Wußten wir, was den Reigen in Gang hält, aus: Durs Grünbein, Falten und Fallen, Gedichte, Frankfurt a. M., Suhrkamp Verlag 1994 **S. 71** Barbara Köhler: Anfang III, aus: Barbara Köhler, Deutsches Roulette, Gedichte 1984–1989, Frankfurt a. M., Suhrkamp Verlag 1991 **S. 72 f.** Wolf Biermann: Er versuchts mal andersrum, sie rumzukriegen, aus: Wolf Biermann, Alle Gedichte, Berlin, Wagenbach Verlag 2005 **S. 74** Silke Scheuermann: Requiem für einen gerade eroberten Planeten, aus: Silke Scheuermann, Der Tag, an dem die Möwen zweistimmig sangen, Frankfurt a. M., Suhrkamp Verlag 2001 **S. 75** Manfred Enzensperger: nichts als küste, aus: Manfred Horlemann, Semiopolis, Unkel, Horlemann Verlag 2002 **S. 75** Friederike Mayröcker: wenn ich vor ihm gestorben wäre , aus: Friederike Mayröcker, Gesammelte Gedichte 1939–2003, hrsg. von Marcel Beyer, Frankfurt a. M., Suhrkamp Verlag 2005 **S. 76** Heinrich Heine: Du bist wie eine Blume, aus: Heine, a.a.O. **S. 77** Adelbert von Chamisso: Frauenliebe und -leben, aus: Adelbert von Chamisso, Werke, hrsg. von M. Sydow, Berlin o. J. **S. 78** Karin Kiwus: Im ersten Licht, aus: Karin Kiwus, Das Chinesische Examen, Gedichte, Frankfurt a. M., Suhrkamp Verlag 1992 **S. 79** Doris Runge: Du also, aus: Doris Runge, du also, Gedichte, München, Deutsche Verlags-Anstalt GmbH 2003, S. 53. **S. 80** Ulla Hahn: Verbesserte Auflage, aus: Ulla Hahn, Herz über Kopf, a.a.O., S. 56. **S. 81** Ulla Hahn: Eurydikes Lied, aus: Ulla Hahn, So offen die Welt, Deutsche Verlags-Anstalt, München 2004 **S. 82** Silke Scheuermann: Undine geht, aus: Silke Scheuermann, Der Tag, an dem die Möwen zweistimmig sangen, Frankfurt a. M., Suhrkamp Verlag 2001 **S. 83** Ingeborg Bachmann: Eine Art Verlust, aus: Ingeborg Bachmann, a.a.O., S. 180 **S. 84** Sarah Kirsch: Bei den Stiefmütterchen, aus: Sarah Kirsch: Zaubersprüche, a.a.O. **S. 85** Ulla Hahn. Mit Haut und Haar, aus: Ulla Hahn, Hals über Kopf, a.a.O., S. 7. **S. 86** Ulla Hahn: Verzeihung, aus: Ulla Hahn, Hals über Kopf, a.a.O. **S. 87** Albert Ostermeier: lost & found, aus: Albert Ostermaier, Fremdkörper hautnah, Frankfurt a. M., Suhrkamp Verlag 1997 **S. 88** Sibylla Schwarz: Liebe schont der Götter nicht, aus: Lyrik des Barock, a.a.O. **S. 89** Karoline von Günderode: Liebe, Günderode, a.a.O. **S. 90** Ingeborg Bachmann: Erklär mir, Liebe, aus: Bachmann, a.a.O., S. 119. **S. 91** Hans Magnus Enzensberger: Call it love, aus: H. M. Enzensberger, Verteidigung der Wölfe, Frankfurt a. M., Suhrkamp Verlag 1957 **S. 92** Paul Celan: Die Liebe, zwangsjackenschön, aus: Paul Celan, Gesammelte Werke, Gedichte II, , Frankfurt a. M. Suhrkamp Verlag 1983 **S. 93** Reiner Kunze: Die Liebe, aus: Reiner Kunze, Gespräch mit der Amsel, Frankfurt a. M., S. Fischer Verlag 1984 **S. 94** Christian Hoffmann von Hoffmannswaldau: Albanie gebrauche deine Zeit, aus: Hoffmannswaldau, a.a.O. **S. 95** Johann Christian Günther: Eröffne mir das Feld der Lüste, aus: Johann Christian Günther, Sämtliche Werke, Hist.-krit. Gesamtausgabe, hrsg. von Wilhelm Krämer, Leipzig 1930/1931 **S. 96** Peter Rühmkorf: Das ganz entschiedene Ausweiche-Lied, aus: Peter Rühmkorf, Irdisches Vergnügen in g., Reinbek bei Hamburg, Rowohlt Verlag 1959, © by Peter Rühmkorf, Hamburg **S. 97** Robert Gernhardt : Einmal hin und zurück, aus: Robert Gernhardt, Reim und Zeit, Gedichte, Stuttgart, Philipp Reclam Verlag 2000. **S. 98** Thomas Kling: aber annette, aus: Thomas Kling. Ausgewählte Gedichte 1981–1993, Frankfurt a. M., Suhrkamp Verlag 1994 **S. 102** Sprüche über die Liebe, aus: Karl Peltzer/Reinhard von Normann, Das treffende Zitat. Thun, Ott Verlag 9. Auflage 1989 **S. 104** Elvis Presley/Vera Matson: Love me tender, a.a.O. **S. 105** John Lennon/Paul McCartney: Yesterday. a.a.O. **S. 106** Katalogtext zum Stillleben, aus: Gerhard Langemeyer/Hans Albert Peters (Hrsg.), Stillleben in Europa. Ausstellungskatalog des Westfälischen Landesmuseums für Kunst- und Kulturgeschichte Münster (25.11.1979–24.2.1980) und der Staatlichen Kunsthalle Baden-Baden (15.3.–15.6.1980), Münster, Aschendorff Verlag 1980, S. 212 **S. 107** Der Prediger Salomo, Kapitel 1, Vers 1–5, aus: Die Luther-Bibel von 1912 **S. 105** Etymologisches Wörterbuch des Deutschen. Erarbeitet unter der Leitung von Wolfgang Pfeifer, München, Deutscher Taschenbuchverlag 1999 **S. 108** Horaz: Sämtliche Gedichte Lateinisch/Deutsch, Stuttgart, Philipp Reclam Verlag 1992. **S. 109** Antike Weisheit. Hrsg. v. Marion Giebel. Stuttgart, Philipp Reclam Verlag 1995. **S. 110** Ulla Hahn: An Madonna Laura anno 2004, aus: Ulla Hahn, So offen die Welt, a.a.O. **S. 111** Der Große Brockhaus in zwölf Bänden. Band 8, Wiesbaden, F. A. Brockhaus 1979 **S. 112 f.** Lexikonartikel Petrakismus: Digitale Bibliothek Band 9: Killy Literaturlexikon (Artikel zum Petrarkismus) **S. 114** Lienhard Wawrzyn: Sind Sie romantisch?, aus: Lienhard Wawrzyn (Hrsg.), 99 romantische Gedichte, Berlin, Wagenbach Verlag 1978, S. 115 **S. 115** Zur Wortgeschichte des Begriffs, aus: Joachim Bark u. a., Lehrerband „Passagen", Ernst Klett Schulbuchverlag 2003, Stuttgart/Leipzig , S. 65 **S. 116 f.** Friedrich Schlegel: 116. Athenäum-Fragment, in: Romantik I, Die deutsche Literatur in Text und Darstellung, Stuttgart, Philipp Reclam Verlag 2003 **S. 117** Novalis: Die Welt muss romantisiert werden, aus: Novalis, Romantik I, a.a.O., S. 57 **S. 118 f.** Heinrich Heine: Der alte Spuk …, aus: Heinrich Heine, Die romantische Schule, aus: Heine, a.a.O., Bd. 5, S. 143 f. **S. 124 f.** Joseph von Eichendorff: Ahnung und Gegenwart, aus: Eichendorff, a.a.O. Bd. 2, S. 658 f. **S. 126 f.** Friedrich de la Motte Fouqué: Undine, aus: Friedrich de la Motte Fouqué, Undine, aus: Märchen der Romantik, Bd. 1, hrsg. von Maria Dessauer, Frankfurt a. M.; Insel Verlag 1977, S. 295 f. **S. 128 f.** Ingeborg Bachmann: Undine geht, aus: Ingeborg Bachmann, Undine geht. Zitiert nach: Ingeborg Bachmann, Das dreißigste Jahr, München, Deutscher Taschenbuch Verlag, 1966, S. 140 f. © R. Piper und Co. Verlag, München 1961 **S. 130 f.** Achim von Arnim: Nachschriften, aus: Achim von Arnim/Clemens Brentano, Des Knaben Wunderhorn, München, Winkler Verlag 1974, S. 887 u. 893 **S. 132 f.** Clemens Brentano: Die Chronika des fahrenden Schülers, aus: Clemens Brentano, Werke in vier Bänden, hrsg. von Friedhelm Kemp und Wolfgang Frühwald, München, Hanser Verlag 1965, Bd. 3, S. 647 **S. 134** J. W. v. Goethe, Gretchens Stube, aus Johann Wolfgang von Goethe, Faust I, Ernst Klett Verlag, Leipzig 2003, S. 110 f. **S. 135** Hans Jakob Christoffel von Grimmelshausen: Der abenteuerliche Simplicissimus, aus: Hans Jakob Christoffel von Grimmelshausen, Der abenteuerliche Simplicissimus, München, Winkler 1971, S. 22 f. **S. 136 f.** Richard Alewyn: Der Spinnerin Lied, aus: Richard Alewyn, Probleme und Gestalten. Essays, Frankfurt a. M., Insel Verlag 1974, S. 198 ff. **S. 138 f.** Briefe an Friedrich Kreuzer/Hektor Günderode, in: Karoline von Günderrode, Der Schatten eines Traumes. Gedichte, Prosa, Briefe, Zeugnisse von Zeitgenossen. Hrsg. und mit einem Essay von Christa Wolf, Neuwied, Luchterhand Verlag, S. 244 und 254 f. **S. 140 f.** Christa Wolf: Unstillbares im Leben, aus: Karoline von Günderrode, Der Schatten eines Traumes. Gedichte, Prosa, Briefe, Zeugnisse von Zeitgenossen. Hrsg. und mit einem Essay von Christa Wolf, Neuwied, Luchterhand Verlag, S. 25 f., 28 und 30. © Buchverlag Der Morgen, Berlin/DDR 1979. **S. 142 f.** Clemens Brentano an Sophie Mereau, aus: Dagmar von Gersdorff (Hrsg.), Lebe der Liebe und liebe das Leben. Der Briefwechsel von Clemens Brentano und Sophie Mereau, Frankfurt a.M., Insel Verlag 1981, S. 94 f. **S. 144 f.** Peter Härtling: Die dreifache Maria, aus: Peter Härtling, Die dreifache Maria. Eine Geschichte. München, Deutscher Taschenbuch Verlag, 1998. © 1996 Verlag Kiepenheuer & Witsch, Köln **S. 146 f.** Briefe Paul Celan/Ingeborg Bachmann, aus: Herzzeit. Ingeborg Bachmann/Paul Celan - Der Briefwechsel, hrsg. von Bertrand Badiou, Hans Höller, Andrea Stoll und Barbara Wiedemann, Frankfurt a.M., Suhrkamp Verlag 2008, S. 11 f. **S. 147** Hans Höller/Andrea Stoll, Gedichte im Dialog, aus: Herzzeit, a.a.O., S. 231 f. **S. 150 f.** Markus Schwering: Staat und Gesellschaft, aus: Helmut Schanze (Hrsg.), Romantik-Handbuch, Stuttgart, Alfred Kröner Verlag 1994, S. 24 f. **S. 152 f** Max Frisch: Du sollst dir kein Bildnis machen, aus: Max Frisch, Tagebuch 1946–1949, Suhrkamp Verlag, Frankfurt a.M. 1950, S. 28 ff. **S. 154 f.** Stefan Klein: Ist Liebe eine Sucht? aus: Stefan Klein, Die Glücksformel, Reinbek bei Hamburg, Rowohlt Taschenbuch Verlag 2002, S. 164 ff.

Bildquellenverzeichnis

Cover/S. 99: iStockphoto (Holger Gogolin), Calgary, Alberta; **S. 100**: aus: Friedrich Karl Waechter, Wahrscheinlich guckt wieder kein Schwein © 1978 Diogenes Verlag AG, Zürich; **S. 101:** Doris Lerche, Frankfurt; **S. 103:** René Magritte: Die Liebenden, 1928, The Bridgeman Art Library, London/© VG Bild-Kunst, Bonn 2009; **S. 106**: AKG (Erich Lessing), Berlin; **S. 110**: AKG (Erich Lessing), Berlin; **S. 120**: Rene Magritte: La tentative de l'impossible, 1928, © 2007. BI, ADAGP, Paris/Photo Scala, Florence/VG Bild-Kunst, Bonn 2009; **S. 121**: AKG, Berlin; **S. 122:** Artothek (Peter Willi), Weilheim; **S. 123**: AKG, Berlin; **S. 130:** AKG, Berlin; **S. 131:** AKG, Berlin; **S. 138:** AKG, Berlin; **S. 148. o.:** AKG, Berlin; **S. 148. u.**: AKG (Erich Lessing), Berlin; **S. 149. o.**: AKG, Berlin; **S. 149. u.**: AKG, Berlin

Nicht in allen Fällen war es uns möglich, den Rechteinhaber der Abbildungen ausfindig zu machen. Berechtigte Ansprüche werden selbstverständlich im Rahmen der üblichen Vereinbarungen abgegolten.